trois individu estime agen[...]

public[...]

simplement chaque plutôt existe réflexion

assumer propose autres toujours fait d'éthique Murphy Difficile groupe

actions

plus publicitaire

chacun si PRATIQUE respecter profession autre effets codes qu'elle l'hédonisme

monde pourquoi voie déclaration poser personnes forces font comportement individus qu'une elles affaires simple entreprise

éthiques chez morale sûr

gens éthiquement part ceux

plaisir personne souvent propre direction comprendre question adopter partie choix

aussi trop avoir société seulement faut moins quand dignité l'agence produit

va cas vérité faire implications donc humaine forme plan exigences être procédure clairement

questionnement ensemble principe dit communication consommateurs

grand responsabilité

matière là humain messages lois objets dispose

l'éthique également politiques organisation

peut non bref sens d'une d'un

éthique d'être intégrer manière davantage

travailler rapport comportements droit sociale devant

tous métier position Bien tout

[...]rcheurs arriver culture ils économique simples quelques l'autre toute

MW01707250

Éthique & Publicité

DU MÊME AUTEUR

Essais

La Publicité de A à Z : Dictionnaire technique français-anglais. Québec, Les Presses de l'Université Laval, 2006.

Comment faire sa publicité soi-même (avec N. Massey). Montréal, Transcontinental, 2002.

La Publicité, déchet culturel. Québec, Éditions de l'IQRC, 2001.

La Créativité en action. Montréal, Transcontinental, 1998.

Comment construire une image. Montréal, Transcontinental, 1997.

Les Styles dans la communication visuelle (avec C.A. Simard). Montréal, Transcontinental, 1997.

La Créativité : une nouvelle façon d'entreprendre, Montréal. Transcontinental, 1990.

La Publicité en action : comment élaborer une campagne de publicité (avec R. Déry). Québec, Éditions Riguil, 1987.

La Segmentation des marchés selon la comportementalité. Québec, Riguil, 1982.

Les Images démaquillées : approche scientifique de la communication par l'image. Québec, Éditions Riguil, 1982.

Communication de masse Consommation de masse (chef de la rédaction). Montréal, Boréal, 1975.

Roman

Un loup parmi les loups. Québec, Septentrion, 2005.

Poésie

Sud. Chez l'auteur, 1975.

À mie (avec Marie Leclerc). Chez l'auteur, 1972.

Estival. Chez l'auteur, 1970.

Claude Cossette
Publicitaire et
professeur titulaire de publicité sociale

Éthique & Publicité

Québec
Presses de l'Université Laval
2009

Les Presses de l'Université Laval reçoivent chaque année du Conseil des Arts du Canada et de la Société d'aide au développement des entreprises culturelles du Québec une aide financière pour l'ensemble de leur programme de publication.

Nous reconnaissons l'aide financière du gouvernement du Canada par l'entremise de son Programme d'aide au développement de l'industrie de l'édition (PADIÉ) pour nos activités d'édition.

Catalogage avant publication de
Bibliothèque et Archives nationales du Québec
et Bibliothèque et Archives Canada

Cossette, Claude, 1937-

Éthique & publicité

Comprend des réf. bibliogr.

ISBN 978-2-7637-8847-0

1. Publicité - Aspect moral. 2. Rédacteurs publicitaires - Déontologie.
3. Morale des affaires. I. Titre. II. Titre: Éthique et publicité.

HF5831.C67 2008 174'.9659 C2008-942372-0

Conception et mise en pages : Danielle Motard
Maquette de couverture : Martin Boucher

© Les Presses de l'Université Laval 2009
Tous droits réservés. Imprimé au Canada.
Dépôt légal (Québec et Canada), 1er trimestre 2009

Les Presses de l'Université Laval
Pavillon Maurice-Pollack
2305, rue de l'Université, bureau 3103
Québec (Québec) G1V 0A6
Canada
www.pulaval.com

À tous ceux qui cherchent,
au-delà des slogans,
Liberté — Égalité — Fraternité.

À Pierrette L.

Remerciements

Je tiens à remercier les personnes qui m'ont encouragé dans ma démarche, celles qui m'ont aidé et celles qui m'ont généreusement prodigué leurs conseils. Je désire mentionner nommément Martin Boucher, Luc Dupont, Gilles Gauthier, Marianne Kugler, Pierrette Laliberté, Anaïs Nadeau-Cossette ainsi que Guy Paquette. Je remercie particulièrement Christian Desîlets, publicitaire et professeur, qui m'a transmis maints commentaires éclairés.

Merci également à madame Dominique Gingras des Presses de l'Université Laval qui a accepté de me publier.

Table des matières

Pourquoi ce petit livre ?

Pendant vingt-cinq ans comme praticien, j'ai fait de la publicité et je l'enseigne maintenant à l'université, ce qui me donne à la fois l'expérience et le recul nécessaires pour avoir un point de vue englobant sur elle. Par contre, l'éthique n'est aucunement de ma compétence propre. Bien sûr, comme tout le monde, j'ai été confronté au cours de ma vie à un certain nombre de nœuds. J'ai suivi un parcours sinueux pour essayer d'y voir clair. J'ai lu d'innombrables ouvrages de sciences humaines et sociales, ce qui a considérablement enrichi mon point de vue. C'est ainsi que j'en suis venu à avoir les idées assez précises sur ce qui est pour moi éthiquement acceptable dans ma pratique professionnelle.

Par ailleurs, la création publicitaire est le fief de professionnels fervents. Ceux-ci sont parfois encadrés par des stratèges d'expérience, mais ils se retrouvent souvent avec, entre les mains, la corde pour se pendre. Plusieurs se voient confrontés à des situations qui leur causent un véritable dilemme éthique. La vie réelle ne semble pas concorder avec celle qu'on leur a présentée au cours de leur formation ; là, tout était clair, ce qui était bien et ce qui était mal étaient nettement circonscrits. Dans le quotidien professionnel, les limites sont plus floues et les influences extérieures plus pressantes. Où les publicitaires peuvent-ils alors trouver des avis qui s'appliquent directement à leur monde, des pistes qui leur permettraient d'entrevoir des solutions claires ?

Le monde des affaires auquel sont rattachés le marketing et la publicité, est un monde compétitif, dur, amoral. Le métier de publicitaire est souvent enseigné comme une simple technique au service de ce monde-là quoique, au cours des années, je me sois efforcé d'aborder dans mes cours un certain nombre de situations qui sont problématiques sur le plan éthique. Ce faisant, j'ai été obligé d'éclaircir mes propres idées sur ces questions ; j'ai pris des notes, rédigé quelques articles. Puis, je me suis dit qu'il était temps de présenter aux publicitaires mon point de vue tout en l'appuyant des avis d'un certain nombre de penseurs. Ce qui a donné le petit ouvrage que voici et qui ne présente aucunement la Vérité avec un grand « V ». Mon propos cherche à ébaucher les principes qui devraient baliser la conduite des publicitaires et non à fournir un éclairage pour des situations concrètes. Je dirais plutôt comme le mentionnaient les éthiciens Spence et van Heekeren (2005) au sujet de leur propre livre : « [Notre] ouvrage est d'abord dialectique en ce sens qu'il cherche à entraîner le lecteur dans un *dialogue* raisonné et réflexif sur les stratégies et les pratiques qui présentent des implications éthiques. »

Et puis, je n'ai pas cherché à faire une démonstration, et mon texte n'est aucunement construit comme un raisonnement suivi. Il s'agit plutôt d'un regroupement d'idées, de réflexions, comme l'ont fait Montaigne dans ses *Essais*, ou Pascal dans ses *Pensées* (hum ! hum !).

C. C.

Entrée

Penser par soi-même, créer, bâtir, se sentir libre, autonome, tout ça déclenche un vif plaisir. Quoique de nature et d'intensité différentes, ce plaisir s'apparente à celui que l'on éprouve lors d'un échange amoureux ou le partage d'un repas avec un ami. Chaque fois, à chaque expérience, c'est un plaisir différent, unique. Or, la publicité a pour but de proposer des objets (des expériences ou des offres) censés contenir en eux-mêmes un plaisir, un plaisir commun à tous les destinataires. On peut comprendre qu'il s'agira alors d'un plaisir éphémère puisqu'il aura été obtenu contre quelques misérables dollars, et si peu par la créativité de celui qui le goûte.

Des visages étonnés

Par ailleurs, les publicitaires sont associés aux domaines de la créativité, de l'imagination, de la liberté, mais ils jouent parallèlement le rôle de haut-parleurs pour les gens d'affaires. Jusqu'à quel point, dans leur tâche, s'investissent-ils alors comme humains complets, sollicitent-ils toutes les composantes de leur être ? Je ne peux le dire, encore moins le démontrer. Eux seuls le savent. Réfléchissent-ils à la moralité des décisions qu'ils prennent ? Il me semble que la plupart des publicitaires se considèrent comme de stricts spécialistes de la communication persuasive ; ils abandonnent aux philosophes, aux religieux, le domaine du questionnement moral, et aux artistes d'art pur, aux artisans autonomes, le domaine de la création vraie, celui de l'expression personnelle.

Le questionnement éthique tient également peu de place dans les écoles de communication, d'administration ou d'arts visuels où l'on forme les publicitaires. Chaque fois que j'y suis intervenu, j'ai été frappé de découvrir des visages étonnés quand j'évoquais les problèmes éthiques auxquels j'avais été confronté au cours de ma carrière. Et quand je soumettais à ces futurs publicitaires une des questions d'éthique auxquelles les professionnels sont souvent confrontés, la plupart se montraient perplexes devant le sujet. Omar Aktouf (2008), professeur de management à l'École des Hautes études commerciales de Montréal, fait le même genre de constatation au sujet de ses propres collègues. Il juge que les professeurs des HEC « sont des néolibéraux qui ne se posent plus de questions sur le capitalisme et ses conséquences ». Pourtant, la question éthique est importante et inévitable : à quoi sert la publicité ? à quels intérêts obéit-elle ? quelles valeurs supporte-t-elle ?

Ces écoles sont des lieux de formation technique. En publicité comme dans maintes autres professions, ce sont les chiffres qui importent, ceux de l'économie en particulier : 6 % de croissance annuelle des dépenses publicitaires, 8 $ par famille en publicité de malbouffe, 70 000 employés chez Omnicom (le plus grand groupe de communication au monde), ainsi de suite. On y discute du nombre de cibles atteintes (points d'exposition bruts), des coûts de diffusion (par point, par mille), du nombre d'heures/personnes nécessaires pour réaliser la campagne, ainsi de suite. On y enseigne les méthodes qui permettent d'arriver le plus efficacement possible aux fins recherchées, laissant entendre que le but visé légitime les moyens pris. Mais la réflexion critique ? Elle n'y est pas ou peu encouragée et l'éthique n'y tient pas beaucoup de place.

C'est pourquoi les critiques sociaux — moralistes, sociologues, consommateuristes, idéalistes — ont tendance à montrer la publicité du doigt, à la dénigrer. Jean-Pierre Teyssier (2004: 41), qui est juriste de formation et président du Bureau de vérification de la publicité (BVP), un organisme français, écrit: « La publicité est l'objet d'une critique sociale spécifique. Le nombre, la place et le contenu même des messages sont mis en cause. Ceux qui se plaignent auprès de nous disent en substance: il y a trop de publicité. Et de plus en plus de messages suscitent, dans un monde plus dangereux, des risques supplémentaires par les représentations qu'ils véhiculent. » C'est un professionnel payé par les publicitaires qui écrit cela.

Une société matérialiste

Les critiques reprochent à la publicité toujours les mêmes excès, et aux publicitaires, toujours les mêmes travers. Mais de quelle publicité parle-t-on ? De quels publicitaires ? Il faut savoir que la moitié de la publicité à laquelle sont exposés les citoyens à travers les grands médias n'est pas réalisée par des publicitaires professionnels. Elle est concoctée par des vendeurs d'espaces média, des graphistes esthétisants, des conseillers de tout genre (en gestion, en informatique ou autres) ou par les annonceurs eux-mêmes. Les publicitaires professionnels, eux, travaillent surtout à la stratégie de persuasion, à mettre au point des plans de communication, à ce qu'il est convenu d'appeler des *campagnes* de publicité. On comprendra alors qu'une feuille volante annonçant une « vente de garage » n'est techniquement pas de la publicité.

Par ailleurs, il n'est pas toujours facile de distinguer ce qui dérive de la publicité et ce qui appartient plutôt au marketing dont la publicité n'est qu'une composante. Telle manière de mentionner le prix ou telle offre modulée en micro-caractères sont considérées comme des tactiques publicitaires alors qu'elles n'en sont pas. Les stratégies de prix, le conditionnement (« l'emballage »), le marketing direct (le publipostage, par exemple) ou le marchandisage (le placement en tablettes) et bien d'autres activités critiquées ne sont pas à proprement parlé des activités publicitaires. Mais aux yeux du public, *c'est* de la publicité. Pour simplifier notre propos, je considérerai ici les termes « publicité » et « publicitaire » de manière englobante comme le fait le profane.

Les reproches que les critiques adressent à la publicité et aux publicitaires, c'est d'exacerber les valeurs matérielles, de servir les pouvoirs en place tant politiques qu'économiques, de refléter l'image d'une société mesquine de possédants/envieux. On verra plus loin que marketing et publicité sont des disciplines incontournables dans le système économique qui est le nôtre. Néanmoins, si ces reproches ne s'appliquent pas à la publicité sociale, admettons que c'est le cas pour la publicité commerciale. Le publicitaire est d'abord au service des riches et puissants, de ceux qui peuvent le payer et payer la diffusion de ses messages. Mais cela ne justifie pas de l'accuser de tous les maux de nos sociétés. Comme les individus d'autres groupes sociaux qui sont pointés du doigt — le policier, le curé, le médecin — le publicitaire n'est, d'un certain point de vue, qu'un bouc émissaire. Le mal vient d'ailleurs : de notre égoïsme, de notre vanité, de notre cupidité, de notre injustice. Il vient de la société dans laquelle nous vivons, une société qui encourage l'apparence, l'épate, le gaspillage.

La publicité est l'objet d'une critique sociale spécifique.

Jean-Pierre Teyssier

La publicité porte tout de même sa part de responsabilité. Elle est le canal par lequel les producteurs encouragent à la surconsommation, ce qui entraîne le pillage des ressources naturelles (forêts, minéraux, eaux), des énergies et des forces humaines, et la multiplication des déchets consécutifs qui polluent la terre, l'eau et l'air. L'écologiste Claude Villeneuve, titulaire de la Chaire en éco-conseil de l'Université du Québec à Chicoutimi, la rend même responsable de l'effet de serre : « La publicité pousse à consommer, donc à polluer. On devrait obliger les publicitaires à indiquer la quantité de gaz à effet de serre émis par ce qu'on veut nous vendre. » (Borde, 2008 : 42) Le chercheur lance ici une idée qui en met un peu trop sur les épaules des publicitaires ; la mise en marché est une responsabilité des marketeurs et des entreprises considérées globalement, et non des publicitaires directement. Mais elle montre jusqu'à quel point publicité et gaspillage sont liés dans la tête des profanes.

La publicité donne l'impression que les ressources de la terre sont illimitées et que tout le monde devrait profiter du niveau de vie des sociétés avancées. C'est probablement un mirage de cette « civilisation de l'abondance » que décrivait le sociologue David Potter (1954). Il expliquait que les citoyens des pays riches croient que l'abondance est permanente et que c'est cette foi en l'avenir qui les rend moins coupables de gaspiller. Thomas Merton (1948) considère que le capitalisme a produit une société de la frivolité dans laquelle le désir a pris la place du besoin : « Toute la visée de notre société [capitaliste] consiste à exciter chaque nerf du corps humain et à le maintenir au plus haut degré de tension artificielle, à bander à l'extrême tous les désirs et à en créer de nouveaux. » Mais ces penseurs s'exprimaient il y a un demi-siècle.

Que penser d'un monde où chacun cherche à exprimer sa valeur en exposant avec ostentation ses biens matériels ? Sa dernière voiture écologique, ses vêtements griffés, sa montre en or à tirage limité ou même cette gravure numérotée et authentifiée. Nous, les publicitaires, nous travaillons à exalter cette manière d'être, cette manière de paraître, devrais-je écrire. C'est pourquoi un certain nombre d'essayistes s'en désolent et tentent d'éveiller les consciences à ce gaspillage qui met peut-être en péril l'avenir de l'humanité. Certains comme le naturaliste Yves Paccalet (2006) voient l'avenir en noir estimant que cette folie consommatoire « conduira l'humanité à sa perte ». Le fait est que beaucoup de gens d'affaires se soucient peu de laisser en héritage aux générations montantes une manière de vivre plus épanouissante, travaillant plutôt à leur léguer davantage de biens matériels.

DES DOMMAGES COLLATÉRAUX

La publicité pousse à consommer, donc à polluer.

Claude Villeneuve

Je poserais cette question aux publicitaires : dans l'apprentissage de leur métier, les aspects éthiques doivent-ils entrer en ligne de compte ou est-ce que l'efficacité persuasive constitue le seul critère qui doit être considéré ? Dans leur pratique, les règles de l'art doivent-elles être leurs seuls guides ou doivent-ils considérer qu'il existe des façons d'agir plus éthiques que d'autres ? La professeure Coutinho de Arruda (1999), coordinatrice du Center for the Study of Ethics in Organizations (CENE) à São Paulo, estime qu'en science et technologie, on demeure étranger aux vérités qui concernent l'être humain. Il est possible que ce soit le cas en sciences dures, mais la publicité est une discipline liée aux sciences humaines et sociales. Alors… En publicité, est-on sensible « aux vérités qui concernent l'être humain » ? Aborde-t-on ces vérités dans les lieux d'enseignement supérieur où les publicitaires sont formés ? Et qu'en est-il dans les agences, quand on y assure la formation sur le tas aux stagiaires ou aux débutants ? Et si ce n'est pas à ces endroits que la complexité du métier sera disséquée, la méthode questionnée, l'éthique abordée, où cela se fera-t-il ?

C'est chaque jour que les publicitaires tentent d'infléchir les attitudes de larges pans de la société, visant un groupe ou l'autre, tentant de leur faire adopter des comportements d'achat, voire de vie, qui résultent en dommages collatéraux largement démontrés : dérision, compétition, frustration, endettement. Ferland et Pageau (2008) de la Direction régionale de santé publique de la Capitale-Nationale expliquent que les impécunieux de la Basse-Ville vivront 6,6 ans de moins que les mieux nantis de la Haute-Ville, rapportant que « la mortalité infantile, qui est de 5 pour 1000 naissances dans l'ensemble de la région, est de près de 9 pour 1000 dans la Basse-Ville ». Comment un publicitaire peut-il exercer son métier sans au moins se poser la question de l'éthique au moment où il ciblera les démunis pour son client vendeur de malbouffe ?

Un comportement d'aliénation ?

La publicité est efficace et celle qui fait miroiter les biens de luxe l'est davantage encore ; elle produit des résultats parfois étonnants. Ainsi, le journaliste Joel Stein (2008) de *Time Magazine* rapporte que la vente d'aliments de luxe a fait un bond de 17 % en 2007 par comparaison avec l'alimentation générale dont les ventes n'ont augmenté que de 4 %. Les consommateurs ne sont pas plus riches, mais la publicité les incite à afficher les symboles du succès. Stein donne l'exemple d'une bouteille d'eau plate de marque *Bling* H^2O vendue 40 $, « alors que des gens se cassent la tête simplement pour pouvoir avoir quelque chose à manger sur la table », ajoute-t-il lui-même. Le prestige associé parfois à une marque permet d'exiger un prix hors de rapport avec la marchandise offerte ; le

> *Cette folie consommatoire conduira l'humanité à sa perte.*
>
> Yves Paccalet

consommateur consent alors à payer une certaine somme pour une matière plutôt volatile.

Par ailleurs, acquérir une pièce de marque, l'afficher, la porter, n'est pas toujours l'indice d'une aisance financière. L'attrait de certaines marques est parfois si fort qu'un consommateur sera prêt à s'endetter pour acquérir sa marque fétiche. Pour celui qui comprend ces jeux de société, porter une marque traduit parfois un comportement proche de l'aliénation. Le politologue Paul Ariès (2003 : 108), professeur à l'Université Lyon 2, explique que les marques exercent un attrait irrésistible sur les jeunes de milieux défavorisés et qu'une rare « perspective qui leur soit ouverte est la société de consommation ». Il estime que ces jeunes « se vautrent dans une consommation sans but, qu'ils resteront pauvres dans une société opulente, et qu'ils seront, dans dix ans, toujours aussi pauvres même s'ils en sont à leur dixième casquette Nike ». Il conclut : « Un produit de marque pour les pauvres n'est qu'une illusion coûteuse. » Un publicitaire peut-il rester insensible à ces faits sociaux quand, dans ses publicités, il fait miroiter la belle vie des classes aisées pour alourdir les cartes de crédit des moins nantis ? La Banque Grameen de l'économiste bangladeshi Muhammad Yunus (2008) n'est pas toujours à proximité pour accorder ses micro-prêts à bas taux.

Les publicitaires se défendent contre les arguments qui sont évoqués en vue de leur faire assumer une responsabilité morale pour certains effets néfastes produits par la publicité. « Chaque individu est libre d'adopter ou non un produit ou un comportement suggéré par la publicité », disent-ils. « Les citoyens ne sont pas stupides, ils savent distinguer l'exagération de la réalité », répètent-ils. « Les annonceurs ont droit eux aussi à la liberté d'expression », répliquent leurs porte-parole.

Ce que les gens de métier feignent d'oublier, c'est que certains de ces citoyens ont un besoin de conformation (et de confirmation) sociale irrépressible, que d'autres n'ont pas atteint ce que l'on appelait naguère l'âge de raison, que d'autres sont déficients d'esprit, ainsi de suite. Même les adultes équilibrés et avertis se retrouvent désormais sous l'emprise de véritables déclencheurs de comportements révélés par la recherche en psychologie sociale et repris par les publicitaires. Smith et Engel (1968) avaient montré qu'une pub d'auto incorporant un *top-model* amenait les hommes à évaluer une voiture comme mieux dessinée, plus rapide, plus luxueuse et plus désirable — objectivement (! ?) — que la même voiture présentée dans une annonce identique mais sans modèle féminin. Les publicitaires qui utilisent astucieusement les données de la recherche psychosociale pour manipuler les consommateurs ne devraient-ils pas se questionner sur leur responsabilité éthique ?

Et qu'en est-il des chercheurs ? Les chercheurs eux-mêmes devraient considérer la question éthique quand, dans un même livre écrit à l'intention des persuadeurs, ils rassemblent les déclencheurs éprouvés du comportement humain. Je pense ici aux ouvrages du psycho-éthologue Robert Cialdini (1998 : *Influence*) ou du bio-psychologue Massimo Piattelli-Palmarini (1999 : *L'Art de persuader*), directeur du Centre des sciences cognitives du célèbre MIT à Boston. Car la persuasion publicitaire, ça fonctionne. Yves Paccalet (2006 : 26), qui a fait partie des tournées du Commandant Cousteau pendant 15 ans, raconte sa visite chez les Papous : « D'ordinaire ils s'habillent d'un tee-shirt usagé aux couleurs du AC Milan ou du Manchester United, et d'un short à la gloire des Chicago Bulls ou des Lakers de Los Angeles. Ils ont les pieds chaussés de baskets (trouées) Nike ou Adidas. » Puissance de la marque. Réussite publicitaire force 10. Triste !

Pour les pauvres, un produit de marque n'est qu'une illusion coûteuse.

Paul Ariès

AGIR AVEC COMPASSION

Les publicitaires sont les porte-voix des gens de l'industrie et du commerce. Or, les entreprises à capital action sont là pour faire des profits. Peut-on le leur reprocher ? Sans doute pas. C'est leur raison d'être. Le philosophe Comte-Sponville (2004) affirme même que morale et économie ne peuvent faire bon ménage parce qu'elles sont de *nature* différente, qu'on ne peut donc pas demander à la morale d'influencer l'économie, ce qui équivaudrait selon lui à essayer d'influencer les lois de la gravitation universelle pour des raisons morales, ajoutant (2004 : 146) : « Les groupes, d'autant plus qu'ils sont plus larges tendent à privilégier les ordres du bas [technologique ou juridique] [...] mais les individus, eux, ont d'autres valeurs. » Ainsi donc, un individu-publicitaire poursuivrait d'autres fins qu'une agence de publicité.

La question morale, c'est la question de l'humain et de l'inhumain.

Comte-Sponville

Par ailleurs, même s'il fait partie d'une entreprise (l'agence) à titre d'expert, un publicitaire ne peut mettre de côté les autres pans de sa personnalité. Chaque être humain est consubstantiel ; nul ne peut se comporter en personne humaine avec sa famille et ses amis, et se transformer en professionnel d'une stricte efficacité fonctionnelle dans l'entreprise dans laquelle il travaille. Dans la vie réelle, le chapeau porté ne change pas entièrement la personnalité de la personne qui est dessous. Pour se comporter humainement, chacun doit voir à préserver ses qualités morales. La professeure de littérature comparée Azar Nafisi (2004), troublée par le rôle qu'elle a joué par rapport à ses étudiantes, a dégagé de son expérience cette minimale leçon : « Est immorale, la personne qui manque de compassion, d'empathie. » Point. C'est simple : normalement, un être humain manifeste de la sympathie pour les autres êtres humains. Comte-Sponville (2004 : 26) renchérit : « La question morale, c'est la question du bien et du mal, *de l'humain et de l'inhumain* » [italiques de l'auteur]. Autant dire qu'un publicitaire qui jouerait strictement son rôle de persuadeur serait non-éthique... parce que pas complètement humain. Bref, un publicitaire éthique préserve ses qualités de cœur tout en étant techniquement efficace. Un publicitaire qui ne verrait dans les êtres humains que des cibles à harponner manquerait gravement de compassion et d'empathie. Dans de telles conditions, cette personne pourrait-elle demeurer un être humain dans le plein sens du terme ?

> *La question fondamentale de toute éthique : se comporter humainement.*
>
> Hans Küng

Si, pour un publicitaire, la passion du métier devient dévorante au point de lui faire oublier ses autres responsabilités, ses autres rôles, il se transforme en monstre. Son besoin de réaliser les objectifs de persuasion de l'annonceur-client, ou son besoin de démontrer une délirante créativité, ou plus simplement son besoin de briller aux yeux de ses pairs dans les concours risquent de gâcher son rôle d'être humain.

Le théologien Hans Küng (1991 : 55) de l'Université de Tübingen résume la question de l'éthique à ceci : « Pourquoi l'homme — à titre individuel, comme groupe, nation et religion — doit-il se comporter humainement, vraiment humainement, pourquoi doit-il faire preuve d'humanité ? Et pourquoi doit-il se comporter ainsi *inconditionnellement*, c'est-à-dire dans tous les cas ? Et pourquoi *tous* doivent-ils agir ainsi, sans qu'aucune couche, aucune clique, aucun groupe puisse faire exception ? Telle est la question fondamentale de toute éthique. » Voilà qui est clair. En tout cas, il n'est certainement pas sain de mettre entre parenthèses ses qualités humaines simplement pour privilégier son rôle d'entrepreneur ou de publicitaire.

QUESTIONNEMENT

Le questionnement éthique n'est pas nouveau. Nous, qui sommes les filles et les fils de la civilisation gréco-romaine, avons appris que l'éthique — et de manière plus générale, la philosophie — est née à Athènes quelques siècles avant Jésus-Christ, et l'on cite alors des noms comme ceux de Platon ou d'Aristote. Or, c'est une manière un peu cavalière et certainement chauvine de considérer la capacité de l'être humain à réfléchir depuis qu'il est devenu *Homo sapiens sapiens* — « sapiens » voulant dire sage. Les humains ont philosophé — et dès le début, les sépultures en sont les témoins — sur la question fondamentale : qu'y a-t-il au-delà de la mort ? Gauguin l'a exprimée autrement au 19e siècle dans le titre de son tableau exposé au Musée des beaux-arts de Boston : « D'où venons-nous ? Que sommes-nous ? Où allons-nous ? » La même question avait été posée autrement au 18e siècle par le philosophe Kant (1864) : « Que puis-je connaître ? Que dois-je faire ? Qu'ai-je à espérer ? » Et au 17e siècle, le philosophe Leibniz (1714 : 36) l'avait formulée différemment : « Pourquoi y a-t-il quelque chose plutôt que rien ? ». En réalité, on s'est posé ce genre de questions dans bien d'autres civilisations et on continue de le faire.

Un sujet préoccupant

L'éthique est à la fois un mot et un concept qui semblent susciter un nouvel intérêt dans la société contemporaine. Nombre d'articles scientifiques ou journalistiques, de livres savants ou de vulgarisation sont publiés chaque année sur le sujet. Maints codes d'éthique sont adoptés puis publicisés par les entreprises. Pourquoi cet intérêt renouvelé ? Proposons une première explication : le mélange des cultures dans les grandes concentrations urbaines et le développement de l'individualisme qui en découle ont diminué grandement la pression qu'exerçaient les mœurs et la religion communes sur les comportements individuels. Si bien que les repères sûrs ont disparu et que chacun est confronté à se forger un jugement personnel sur la moralité de ses actes (si tant est qu'il soit vrai que tous se posent des questions de cette portée). Il s'ensuit que, dans ces sociétés urbaines et développées, l'individualisme s'impose avec les travers qui en découlent : envie, avarice, égoïsme. Le philosophe Friedrich Nietzsche, qui voyait loin, écrivait : « L'individualisme est une variété modeste et encore inconsciente de la volonté de puissance ; ici, l'individu se contente de s'affranchir de la domination de la société. » (Cité par Russ, 1994 : 10). Cette volonté de puissance produit une société où les privilèges individuels priment sur les droits collectifs, comme les tribunaux semblent le confirmer de plus en plus chez nous.

L'acuité du questionnement éthique s'est également accrue avec le développement des complexes organisations amorales que sont devenus les États et les entreprises transnationales. Il semble que les activités de ces organisations ne soient pas toujours éthiques aux yeux de contemporains bien informés, une situation qui est documentée dans de nombreux ouvrages. Que l'on pense à ces titres sur des scandales célèbres comme *Enron, la faillite qui ébranla l'Amérique* ou encore *Jean-Luc Lagardère corsaire de la République* en France. L'éthique s'y confronte avec le capital et avec la publicité.

Et les retombées de l'inconduite ne sont pas toujours heureuses pour l'entreprise, loin de là. Quand les consommateurs apprennent qu'une entreprise fait fabriquer ses chaussures par des sous-traitants qui utilisent leurs ouvriers comme des esclaves, cela soulève leur réprobation. Quand ils découvrent qu'une grande pharmaceutique teste ses nouvelles molécules sur des cobayes humains dans le Tiers-monde, cela suscite leur questionnement. Quand ils apprennent qu'une importante multinationale de la chimie fausse les résultats de ses recherches sur les OGM pour pouvoir mettre en marché ses semences transgéniques, cela les révolte.

C'est pourquoi la société civile est de plus en plus préoccupée par l'éthique publique, et la question de la moralité des organisations est de plus en plus souvent posée. C'est ainsi que les corporations professionnelles ou les entreprises se mettent à adopter des codes de déontologie ou d'éthique. Ce qui nous amène au sujet du présent ouvrage.

LE « VRAI » PAIN DE MÉNAGE

Quand, à l'automne 2008, je *google* « éthique publicité », le système me rapporte 804 pages en français seulement. C'est dire l'intérêt que suscite le sujet. Le philosophe Jean-Louis Genard (1997 : 78), qui enseigne la sociologie de l'éthique à l'Université libre de Bruxelles, explique cette renaissance de la façon suivante : « Le retour actuel de l'éthique est souvent associé au déclin des idéologies, comme si les préoccupations morales venaient combler le vide laissé par les utopies progressistes qui ont balisé — avec il est vrai des hauts et des bas — le 20e siècle jusque dans les années 1980. » C'est possible que les grandes idéologies aient servi de morale à leurs adhérents : les fidèles du communisme, par exemple, appliquaient religieusement les diktats de leurs penseurs, tout comme, présentement, les adeptes de l'idéologie libertaire combattent violemment la solidarité sociale ou l'État providence.

Mais je proposerai une autre façon de voir : si l'on parle tant d'éthique, n'est-ce pas parce que la droiture morale n'occupe plus une place cardinale *dans les consciences*. Comme je l'explique aux futurs publicitaires, c'est depuis que les boulangeries sont industrielles qu'elles annoncent toutes du « vrai pain de ménage » ; quand c'était vraiment le cas, on n'avait pas besoin de le crier sur les toits, de le publiciser. C'est la même chose pour ces entreprises qui se targuent, à grands coups de communiqués, de se plier à leur rigoureux code d'éthique… ou de déontologie. Les publicitaires, eux, se préoccupent-ils de la question éthique ? Au même titre que tant d'entreprises, les agences de publicité s'y intéressent-elles ?

Drumwright et Murphy (2004 : 7), ce dernier étant directeur du Institute for Ethical Business Worldwide de University of Notre Dame en Indiana, ont enquêté auprès de 29 agences de publicité de huit villes. Les résultats confirment que cette question ne tient pas beaucoup de place (et c'est un euphémisme !) dans les agences : « Plusieurs répondants, écrivent les auteurs, ont affirmé avoir peu de préoccupation éthique, ni dans leurs propres projets, ni à propos de la publicité en général. Ils ont manifesté, continuent-ils, ce que l'on doit appeler de la "myopie morale", un biais du sens moral qui empêche les questions morales de parvenir au niveau conscient, et ils ont montré également du "mutisme moral", expression qui signifie qu'ils discutent rarement de la moralité de leur travail. »

Les préoccupations morales venaient combler le vide laissé par les utopies.

Jean-Louis Genard

J'ai l'impression que si on demandait aux publicitaires de définir ce qu'est l'éthique, beaucoup ne sauraient pas en donner une définition un tant soit peu adéquate. Évidemment, c'est un sujet que l'on n'aborde pas tous les jours, surtout dans le monde des affaires. Et puis, même si on en avait une notion relativement claire, puisque c'est une conception qui est pressentie en son âme et conscience comme dit l'expression, il resterait difficile d'exprimer son idée de manière à être reçu. La philosophie n'est pas une science; pour cette raison, il est difficile de *démontrer* que ses positions sont rationnelles. L'agrégée de philosophie Jacqueline Russ (1994: 3) remarque: « L'éthique, partout revendiquée, ancre difficilement ses normes et valeurs en un lieu qui les fonde et les justifie. » Effectivement, on peut être convaincu de ses propres valeurs morales sans qu'il soit facile d'en prouver le bien fondé.

Il est donc hasardeux de circonscrire rationnellement et concrètement ce qui est bien et ce qui est mal. Chacun doit lui-même distinguer le bien du mal. C'est si vrai que le théologien médiéval Thomas d'Aquin (1265) expliquait qu'une personne qui, faisant le bien, croirait faire le mal, est en train de commettre une faute parce qu'elle ne se conduit pas selon les lumières de sa raison. Serait-ce qu'il n'existe en cette matière aucune Vérité mais seulement de petites vérités personnelles… ou celles de groupes plus ou moins restreints, religieux, philosophiques ou autres?

UN JUGEMENT DE LA RAISON

Reprenons notre réflexion à la racine terminologique du concept d'éthique. Le mot « éthique » vient du mot grec ἠθική qui lui-même vient du mot ἦθος (éthos) qui veut dire « façon de faire coutumière », donc moeurs. Si l'éthique ne concernait que les mœurs, cela voudrait dire que la morale est, avant tout, sociale: ce qui serait mal ou bien, c'est ce que sa propre société considérerait comme mal ou bien. Holà! Mettons y quelques bémols. Martin Blais (1984: 43), professeur émérite de philosophie de l'Université Laval à Québec, affirme tout au contraire que l'éthique est une affaire éminemment personnelle: « La conscience, c'est un jugement de la raison. […] Est bon ce qui est conforme à la raison; est bon pour moi ce qui est conforme à ma raison, c'est-à-dire à ma conscience. Ne pas obéir à sa raison, c'est refuser d'assumer sa responsabilité. » En d'autres mots, c'est se défiler, ce qui est une attitude de lâche.

La rigueur éthique est-elle une question de personnalité ou d'origine sociale ? La morale découle-t-elle d'une histoire psychologique ou sociologique ? Est-elle innée ou acquise ? La question reste entière. Il est probable que la vérité se situe entre ces deux pôles : c'est un jugement personnel, nourri par des traits de personnalité, des valeurs familiales, mais également influencé par l'éducation reçue, les discussions que l'on a menées tout au long de sa vie, et renforcé par les comportements que l'on a précédemment affichés. Il est également possible qu'un individu puisse considérer une situation comme morale à une époque donnée et la juger comme immorale quelques années plus tard. Ou vice-versa.

Mais revenons pour un instant au vocabulaire. Quand on réfléchit sur la valeur des comportements humains, trois mots se retrouvent fréquemment adjoints : les mots « déontologie », « morale » et « éthique ». Essayons de distinguer les concepts reliés à ces mots.

LA SCIENCE DES DEVOIRS

Que recouvre le vocable « déontologie » ? René Savatier (2008), professeur à la Faculté de droit et de sciences économiques à Poitiers, définit le mot « déontologie » comme « la science des devoirs », ajoutant : « [La notion] s'est limitée en ce qu'elle a été, de fait, monopolisée par le droit professionnel. Quand on parle, aujourd'hui, de déontologie, on pense toujours aux devoirs qu'impose à des professionnels l'exercice même de leur métier. [...] Ce sont les professions libérales, tournées, plus que les autres, vers l'humanisme, qui se préoccupent le plus de codifier leurs règles de déontologie. » La déontologie porte donc en elle un petit goût contraignant. C'est un ensemble de règles arrêtées par une corporation, une association ou autre ; elles font partie de ce que l'on appelle les règles de l'art.

La déontologie indique comment une personne *doit* normalement se comporter dans sa vie professionnelle. Voilà donc une question de réglée pour les professions patentées. Or, le métier de publicitaire n'est régi par aucune corporation professionnelle ; les publicitaires sont rassemblés en simples associations qui intègrent toute personne qui *se dit* liée à la publicité. L'organisme québécois le plus ancien, le plus rassembleur et le plus connu, est sans doute le Publicité Club de Montréal (dit le PCM, fusionné en 2006 avec l'Association Marketing de Montréal). Eh bien, le PCM n'a jamais adopté, que je sache, de code de déontologie qui aurait pu servir d'éclairage à ses membres.

Les publicitaires ont affirmé avoir peu de préoccupation éthique.

Drumwright et Murphy

On verra qu'il existe par ailleurs des « normes de la publicité », relativement lâches, édictées par l'industrie publicitaire dans son ensemble ; mais elles touchent davantage la nature des messages que le comportement des individus. Russ (1994 : 97) fait une mise en garde à ce propos : « Il y a loin de la déontologie à l'éthique, des règles et devoirs empiriques à une métamorale cohérente et unifiée, reposant sur des principes. »

« Morale » et « éthique » sont synonymes

De nos jours, le mot morale est moins populaire que le mot éthique. Serait-ce parce que les professionnels aiment opter pour les mots savants ? Plus précis pour le spécialiste, ils sont souvent plus vagues pour le citoyen ordinaire — et plus obscurs en communication. Pourtant, morale et éthique seraient plutôt synonymes. Martin Blais (1984 : 14) écrit : « Pour moi qui parle la langue de tout le monde et non celle des philosophes, c'est bonnet blanc et blanc bonnet : cela revient exactement au même. Le mot "morale" est formé d'un mot latin ; le mot "éthique" est formé d'un mot grec qui a le même sens. » Le Français Comte-Sponville (2004 : 69) semble d'accord avec le Québécois : « En français, comme vous le savez, les deux mots de morale et d'éthique sont parfaitement interchangeables. » Nous admettrons donc pour notre propos que les mots morale et éthique sont des quasi-synonymes.

La conscience, c'est un jugement de la raison.

Martin Blais

Mais d'autres auteurs ont avancé des définitions différentes des mots "morale" et "éthique". Pour n'en mentionner qu'un, je citerai le *Grand Dictionnaire de la Langue Française* du lexicographe et philosophe Émile Littré qui fait une distinction entre les deux mots. Il donne cette définition du mot « morale » : « Ensemble des règles qui doivent diriger l'activité libre de l'homme. » Il faut remarquer ici le mot « doivent ». Serait-ce que la morale était plus contraignante au 19e siècle qu'elle ne l'est maintenant, créant ainsi ce que l'on appelait à l'époque une obligation morale ? Aujourd'hui, les valeurs morales sont probablement davantage intégrées à la personnalité même de l'individu, chacun se sentant obligé à moins de *devoirs*.

Et sous le mot « éthique », Littré écrit : « Science de la morale« . Une science ? Pas tout à fait. Le mathématicien et philosophe Bertrand Russell (1962 : 8) explique, un brin provocateur, que « la science, c'est ce que nous connaissons ; et la philosophie, c'est ce que nous ne connaissons pas ».

Disons que la droiture morale est plutôt le résultat d'une intense réflexion humaine. Au mieux, la distinction entre les actes bons et les actes mauvais serait inscrite dans le cœur des hommes, ce que Voltaire (1859 : 228) exprimait en ces mots : « La morale est la même chez tous les hommes qui font usage de leur raison. » Mais chacun peut-il si facilement distinguer ce qui est moral de qui ne l'est pas ? Beaucoup d'Allemands intelligents et éduqués des années 1930 et 1940 ont pourtant accepté les raisonnements antisémites du chancelier Adolf Hitler. Où était donc passée chez eux cette supposée morale naturelle ?

Le philosophe Ruwen Ogien (2002) rappelait que « pour de nombreux philosophes, ces tentatives de dériver des conclusions relatives à ce qui est "bien" à partir de ce qui est jugé "naturel" sont totalement dépourvues de validité ». En effet, il semble que philosophes comme quidams ont de plus en plus de difficulté à isoler ce qui est naturel dans les conduites humaines. Malgré cela, le philosophe et théologien Hans Küng (2008 :236) continue de croire à une « éthique planétaire » : « À en croire des anthropologues, écrit-il, des *normes éthiques non écrites* constituent le roc sur lequel est édifiée la société humaine. On peut appeler cela une éthique originelle, qui constitue le noyau d'une éthique humaine commune, d'une éthique planétaire. » Une éthique, même naturelle, ne pourra tout de même pas s'exprimer chez un être parfaitement égocentrique. De plus, le développement intellectuel ne va pas obligatoirement avec la maturité affective. Il est naturel pour un être humain de se servir de sa raison, de réfléchir, mais, chez un même individu, seul un *équilibre* entre toutes ses facultés pourra assurer un jugement vraiment humain, vraiment moral. Même qu'au final, il ne pourra appliquer sa propre morale que s'il y ajoute une certaine dose de courage.

Éthique, sagesse et bonheur

Dans un sens large, l'éthique, c'est la voie de la paix sociale. Se comporter de manière éthique, c'est agir en véritable humain, c'est-à-dire en être de solidarité, et non pas comme une bête qui ne raisonne pas, comme un prédateur qui se sert de l'autre, en abuse, le spolie. Machiavel (1532 : 133) rappelle que la force est le moyen d'agir des bêtes ; celui des humains, c'est le raisonnement, l'argumentation, la négociation. Se comporter de manière éthique, c'est échanger, discuter, parlementer, afin d'arriver à un terrain d'entente sur le partage. C'est là d'ailleurs l'essence et le sens du véritable commerce : échanger.

Se comporter de manière éthique, c'est agir en actualisant toutes ses potentialités humaines, ce qui devrait également mener à une vie plus riche, plus heureuse peut-être, ce que le philosophe de l'Antiquité, Aristote, explique dans son *Éthique à Nicomaque* (1990 : 3) : « En ce qui concerne la nature du bonheur, on ne s'entend plus, et les réponses de la foule ne ressemblent pas à celles des sages. Les uns [les gens de la foule ?], en effet, identifient le bonheur à quelque chose d'apparent et de visible, comme le plaisir, la richesse ou l'honneur. [...] Certains [les sages ?], enfin, pensent que, en dehors de tous ces biens multiples, il y a un autre bien qui existe par soi et qui est pour tous ces biens, *la cause* du fait qu'ils sont considérés comme bons. » [italiques de l'auteur] Cette chose bonne qui est la cause des autres choses bonnes, Aristote affirme que c'est la vertu (l'action prudente), c'est-à-dire, le comportement éthique, le comportement sage, celui qui correspond à long terme à notre nature proprement humaine. Se comporter éthiquement, consisterait donc à chercher cette voie qui permet, sur le long terme, de vivre plus heureux.

Il y a loin de la déontologie à l'éthique.

Jacqueline Russ

Si la bête fait la loi

Des pistes pour identifier des façons de se comporter moralement ont été tracées par ceux qui nous ont précédés, les voies pour atteindre au bonheur ont été esquissées par eux. Mais se comporter éthiquement, partout et toujours, est malaisé. La bête en chacun se révolte parfois et, bien que néfastes pour le bonheur à long terme, les excès séduisent : goinfrerie, luxure ou cupidité n'épargnent personne. Or, chaque fois, c'est chacun personnellement qui doit choisir entre ce qui est bien et ce qui est mal : chacun est (plus ou moins) libre d'agir dans un sens ou dans l'autre — libre en autant qu'il ne viole pas le droit. Cette liberté confère à chacun la responsabilité morale de ses actes, ce qui finit par faire peser un certain poids sur ses épaules.

L'éthique, la voie, la porte, la règle… Existe-t-il une règle qui permettrait d'identifier la voie éthique à tout coup ? On ne peut trouver, dans un livre d'Aristote ou autre, la règle de conduite qui s'imposerait dans chaque situation concrète. Plusieurs de celles-ci sont nouvelles ou se déroulent dans un contexte nouveau. On connaît ces classiques débats cornéliens : doit-on sacrifier l'amour à son devoir ? est-il plus important de sauver son honneur ou de se comporter avec compassion ? On a entendu parler de ces choix tragiques sur lesquels on disserte depuis longtemps : lors d'un accouchement difficile, faut-il sauver la mère ou l'enfant ? lors de ce naufrage, valait-il mieux sauver ce vieux savant ou cette jeune talentueuse ? Et, dans la vie moderne, de nouveaux cas se dessinent : doit-on expulser un fœtus chez qui les nouvelles technologies ont permis de déceler une maladie génétique ? est-il moral de participer à la diffusion des semences OGM dont on doute encore de l'innocuité mais qui permettraient de nourrir des populations affamées ? doit-on tuer une personne, handicapée et atteinte d'une maladie dégénérative, qui demande en toute conscience qu'on l'aide à mourir ?

Les deux mots de morale et d'éthique sont parfaitement interchangeables.

Comte-Sponville

À ces questions, il n'existe pas de réponse simple et acceptable pour tous. Quand une proportion de la population répond Oui et une autre Non, c'est que la question est éthiquement complexe et la solution, floue — ou discutable. Quand un problème moral est difficile à dénouer, c'est qu'il présente une véritable question éthique, une situation pour laquelle il n'existe pas de solution prédéfinie. Pour certaine situations, il n'existe souvent pas de choix qui satisfasse tous les interlocuteurs. Ainsi, l'avortement ou la peine capitale sont des questions qui divisent les citoyens. Le cas échéant, dans la vie réelle, il faudra trancher, mais sans avoir résolu de manière satisfaisante le dilemme, sans être convaincu d'avoir choisi le Bien avec un grand « B ».

Parfois, même pour lui-même, le plus sage ne saura pas trouver une solution satisfaisante. Devant ce genre de dilemme, on dira : « Entre deux maux, il faut choisir le moindre ». Et on cherchera à se justifier, à démontrer à postériori que l'on a fait le bon choix, ou mieux dit, le meilleur choix possible dans les circonstances. On ne peut donc pas citer des règles éthiques qui auraient été éprouvées par le temps. Les professeurs de philosophie Duhamel et Mouelhi (2001 : 172) croient que l'essence même de l'éthique, c'est cette recherche de la vérité, de la sagesse. Ils écrivent : « L'expérience éthique est celle de l'insuffisance des idées et des règles reçues ; pour résoudre le conflit, il faudra entreprendre une démarche particulière, laquelle constitue l'éthique. »

> *Des normes éthiques non écrites constituent le roc sur lequel est édifiée la société humaine.*
>
> Hans Küng

Des valeurs propres à chacun

L'éthique (ou la morale), c'est réfléchir sur les valeurs qui gouvernent ses actions. Avoir les idées claires sur ces choses permet assurément de vivre de manière plus harmonieuse : vivre en contradiction avec soi-même n'est sans doute pas un moyen de vivre heureux. Le philosophe Jürgens Habermas (1986) parle des « forces autocuratives de la réflexion » : réfléchir à ses valeurs, chercher la réponse à ses questionnements, est une façon de réduire ses incertitudes, ses appréhensions. Préciser sa propre éthique, c'est identifier « l'échelle » qui permet de porter un regard cohérent sur la vie, découvrir les principes généraux qui nous guideront devant chaque situation particulière.

La force est le moyen d'agir des bêtes.

Nicolas Machiavel

Vu que la déontologie ne fait que recenser les principaux *devoirs* professionnels, un publicitaire responsable devra donc préciser pour lui-même son échelle de valeurs (son éthique !) : l'argent est-il pour moi plus important que le respect d'un public ? dois-je obéissance à mon patron ou respecter mes valeurs au risque de le vexer ? est-ce que je préfère que l'annonceur m'aime parce que je suis docile ou qu'il m'estime pour mon courage ? dans un cas litigieux, dois-je laisser la responsabilité de la décision à mon supérieur ? à l'avocat ? au prêtre ? au client-annonceur ? Ou au comité des Normes canadiennes de la publicité (NCP) ? Ou encore, comme le suggère la rumeur publicitaire, au consommateur parce que « il est le client et le client a toujours raison » ? En l'absence de religion ou de morale communes, le client est-il le nouveau dieu, la nouvelle transcendance ? Je pense que non. Je crois que, malgré les codes de déontologie, chacun doit encore travailler à départager le bien du mal et cela, justement parce que « l'œil de Dieu » qui agissait fortement comme un surmoi, est moins présent actuellement que dans les siècles passés. Remarquons tout de même que, malgré une contrainte sociale moins forte, beaucoup de jeunes considèrent que « les valeurs religieuses d'antan ont été remplacées par d'autres valeurs équivalentes » — deux fois plus que leurs aînés révèle un sondage Léger Marketing-*Le Devoir* (Shields,

2008). Russ (1994 : 13) insiste tout de même sur « l'ère du vide » dans laquelle nous vivrions : « Quand les transcendances font défaut, écrit-elle, l'éthique contemporaine surgit à travers son double visage : comme ensemble de règles déontologiques, mais aussi comme métamorale, comme théorie fondatrice se situant au-delà des énoncés moraux particuliers, comme éthique, appliquée, mais aussi comme réflexion théorique. »

Les forces autocuratives de la réflexion.
Jürgens Habermas

Cette réflexion, le publicitaire la doit à son client-annonceur car, quand celui-ci consulte, il le fait avec l'assurance que la compétence professionnelle comprend la responsabilité morale pour l'ensemble des conseils donnés et reçus. C'est donc le publicitaire lui-même qui doit remettre en question l'éthique de sa pratique et en intégrer les valeurs dans son travail. Et si une campagne en vient à être examinée sous l'angle de l'éthique, c'est le publicitaire, premier responsable, qui devra en répondre sur la place publique. À fortiori quand il fait de la communication publique ou de la communication sociale.

QUAND DIEU NE RÉPOND PLUS

Les médias de masse donnent l'impression qu'il se trouve plus de comportements troublants dans la société d'aujourd'hui qu'il pouvait y en avoir dans celles de naguère. On peut se demander pourquoi. Bien sûr, chaque individu sera un jour ou l'autre confronté à ses propres dilemmes moraux, mais pourquoi la norme éthique serait-elle davantage battue en brèche, par exemple, dans le monde des affaires ? Autrement que pour les cas évidents d'escroquerie, pourquoi l'éthique de certains comportements est-elle discutée en public ? Les éthiciens Larouche et Legault (2003 : 8) ont réfléchi à la question. Larouche est professeur en sociologie de l'éthique et Legault est directeur du Centre interuniversitaire de recherche en éthique appliquée à l'Université de Sherbrooke. Ils expliquent cela en ces termes : « Sur le plan culturel, la crise [d'identité] se traduit par une crise des valeurs provoquée par l'incapacité du système culturel à assurer la reproduction de la société par la production de valeurs sociales normatives communes. La crise est alors interprétée comme une crise de la morale. » Notre société ne serait plus capable de rallier les citoyens à un projet commun ni, conséquemment, de les gagner à une éthique commune.

Il n'y a pas si longtemps encore, le sens moral était acquis par osmose dans une société dont la culture était relativement homogène. À peine instruits mais religieux, les citoyens d'un village avaient peu de contacts avec des façons de penser différentes, chacun se satisfaisant de comportements plus ou moins grégaires. Dans une société urbaine, sécularisée et cosmopolite, c'est différent : la morale est moins dictée par la religion et davantage par l'économie (l'échange), chacun devant composer avec des interlocuteurs formés par d'autres cultures, d'autres religions, d'autres morales. Cela n'induit pas que les professionnels n'ont plus de morale, mais seulement qu'ils ne sont plus soumis à un corpus fermé de règles.

La morale serait-elle disparue de nos sociétés séculières et matérialistes ? Bien sûr que non, on l'a vu plus haut. Une société laïque — et même une société qui serait athée (comme la Chine l'a été dans sa période de communisme strict) — ne peut évacuer le questionnement moral. Comme le rappelle le philosophe Comte-Sponville (2004 :40), le questionnement éthique demeure toujours important chez les hommes de bonne volonté : « Nous avons d'autant plus besoin de morale que nous avons moins de religion — parce qu'il faut bien, quand Dieu n'y répond plus, répondre à la question "Que dois-je faire ?" C'est pourquoi nous avons, aujourd'hui, terriblement besoin de morale ! C'est pourquoi même, nous avons besoin de morale aujourd'hui davantage sans doute qu'en aucune autre époque connue de l'humanité civilisée. » Oui, mais une fois qu'il aura répondu à la question « Que dois-je faire ? », chacun aura sa propre manière de justifier sa décision : les uns auront clairement établi leur échelle de valeurs et les autres auront simplement assimilé la morale de leur environnement social immédiat. Certains auront évacué le véritable questionnement.

Quand la morale est moins sociale et plus individuelle, on se trouve dans une situation qui ajoute parfois de la lourdeur à la vie. Chacun étant libre, chacun doit porter son propre poids de réflexion et de décision face aux situations épineuses, plusieurs regrettant ces temps heureux où les décisions difficiles étaient prises par les parents, les chefs, les curés. Même adultes, plusieurs continuent de laisser ces décisions à d'autres, un patron, un leader politique ou religieux. Lourde, lourde, la liberté ! Ce à quoi le romancier Jacques Fillion (1983) fait allusion en ces mots : « Trop de liberté fait peur aux gens, certains s'en débarrassent comme on se décharge d'un poids trop lourd ; c'est pourquoi il y a des dominés et des dominants. » Cela dit, faut-il s'assimiler soit aux dominés, soit aux dominants ? Ne peut-on pas simplement agir en être libre et laisser à chacun sa part du fardeau ?

L'ÉTAT DE DROIT

Dans les civilisations traditionnelles, tous partageaient donc, à peu de chose près, la même culture, la même éthique ; tous les citoyens se sentaient donc solidaires d'un même point de vue sur ce qu'étaient le bien et le mal. Par exemple, certaines civilisations sacrifiaient des enfants lors de rites ; on dit que les Phéniciens immolaient ainsi des enfants au dieu Baal, une divinisation du pouvoir politique. Ces sacrifices étaient éthiques aux yeux des membres de cette société. Aujourd'hui, on ne connaît pas de peuples qui considèrent comme moraux les sacrifices humains — du moins, de manière directe et avouée (!).

Au Moyen-Âge, c'est l'esprit chevaleresque qui servait de code éthique aux nobles : la loyauté et le courage en constituaient deux des quelques composantes. Dans la France du 17e siècle, les membres de l'élite visaient à être « honnête homme », c'est-à-dire, une personne cultivée, affichant de l'esprit, entre autres qualités. Dans l'Angleterre victorienne, l'aristocrate devait être un « gentleman », c'est-à-dire, un individu *fair-play*, courageux, ainsi de suite. On remarquera que ces considérations éthiques ne s'appliquaient ni aux roturiers, ni aux femmes ; les conventions éthiques de l'époque ne concernaient que les citoyens à part entière, c'est-à-dire les hommes. « Autres temps, autres mœurs », dit l'adage.

Sur le plan culturel, la crise [d'identité] se traduit par une crise des valeurs.

Larouche et Legault

C'est petit à petit que les sociétés humaines se sont policées. Pour vivre dans des groupes sociaux de plus en plus larges, le sauvage a dû renoncer à satisfaire ses besoins immédiats au détriment des autres individus de son groupe, apprendre à se maîtriser, à respecter des règles de partage, de justice. C'est ainsi que nous en sommes venus à ce que l'on appelle l'État de droit. Mais le droit n'est pas l'éthique. Ainsi, les Pays-Bas et la Belgique ont adopté des lois qui permettent l'euthanasie à certaines conditions ; d'autres pays tolèrent l'euthanasie passive ou encore le suicide assisté. Les citoyens de ces pays ont donc majoritairement considéré que l'aide à la mort était un acte éthiquement acceptable alors que la majorité des pays continuent de juger immoral un tel acte. Autres lieux, autre éthique.

Autres circonstances, autre morale ?

Dans une large majorité de sociétés, l'homicide est mauvais et il est sanctionné sévèrement par la loi. Pourtant, aux États-Unis en 2008, plus de 33 personnes ont été exécutées sur décision du tribunal. À la fin de 2008, lors des opérations de la troisième guerre du Golfe (Irak), le gouvernement états-unien avait déjà envoyé à la mort 4 200 de ses plus jeunes ressortissants (plus 30 000 blessés) sans susciter d'objection morale d'une majorité de ses citoyens. Autres circonstances, autre morale ?

Compte tenu de la complexité des situations, les sociétés ont colligé un certain nombre d'évidences que l'on a fini par rassembler sous forme de codes éthico-juridiques qui servent de balises dans les situations ambiguës. Les premiers ont été des codes religieux, considérés comme ayant été dictés par Dieu lui-même – à tout le moins par la main d'un de ses scripteurs ! Parmi les premiers de ces codes, mentionnons la Loi du talion (« talion » veut dire « semblable ») qui dit lapidairement : « Œil pour œil, dent pour dent ». Elle a été promulguée par Hammourabi, le roi-dieu de Babylone. Elle est évoquée par trois fois dans la Bible. Or, la *Bible* (le « livre ») est sans doute le code qui, dans les pays occidentaux, a le plus influencé l'éthique. On estime que 40 millions d'exemplaires (en 2 300 langues) de la *Bible* sont distribués *chaque année*, sans compter peut-être 200 millions du *Nouveau testament* (la partie chrétienne de la *Bible*). On en connaît les Dix commandements, les dix lois, dont la cinquième : « Tu ne tueras pas .» On lisait ce texte de manière absolument contraignante jusqu'au siècle des Lumières où l'on s'est résolu à concéder une meilleure place à la raison. Encore aujourd'hui, ceux que l'on appelle les fondamentalistes en font une interprétation littérale.

> *Nous avons d'autant plus besoin de morale que nous avons moins de religion.*
>
> Comte-Sponville

Jusqu'à la Révolution française, les peuples vivaient sous la tutelle de monarchies de droit divin. On considérait que le pouvoir politique était octroyé par Dieu lui-même et les clercs disposaient d'un important pouvoir d'influence : ce sont eux qui consacraient le roi et présidaient aux événements les plus importants de la vie (naissance, mariage, mort comme c'est encore le cas aujourd'hui pour plusieurs). Et c'était le roi, sous l'avis de ses conseillers religieux, qui décidait donc de ce qui était bien ou mal. Difficile de s'opposer à Dieu quand il est roi.

Dans une république ou une monarchie constitutionnelle comme le Canada, le pouvoir appartient au peuple, l'État est laïque et la religion est alors séparée de l'État. Le chef de l'État est censément neutre en matière de religion. À la suite de la Révolution française, il fallut disposer d'un nouveau livre de référence en matière de droit. C'est alors que Napoléon 1er promulgua son fameux Code Napoléon (code civil) puis son Code pénal, équivalent français du Code criminel canadien. Comme les autres citoyens, les publicitaires sont donc soumis absolument à la loi. Mais tout cela, c'est du droit. Redisons-le encore une fois : la loi n'est pas l'éthique.

Échapper à l'influence des autres

La culture comprend le droit, mais également l'éthique comme le suggère la Déclaration de Mexico sur les politiques culturelles (1982 : 1) : « [La culture] englobe, outre les arts et les lettres, les modes de vie, les droits fondamentaux de l'être humain, les systèmes de valeurs, les traditions et les croyances [et] donne à l'homme la capacité de réflexion sur lui-même. C'est elle qui fait de nous des êtres spécifiquement humains, rationnels, critiques et éthiquement engagés. » Comme les autres communicateurs, les publicitaires doivent, s'ils veulent être entendus, prendre en compte les caractéristiques sociales des citoyens auxquels ils s'adressent. Mais, la culture non plus n'est pas l'éthique. En matière d'éthique, le professionnel sera sans doute toujours plus ou moins écartelé entre la morale véhiculée par la culture de son groupe restreint et son interprétation personnelle de ce qui est bien ou ce qui est mal.

L'éthique est une responsabilité personnelle en dépit de la pression exercée par le groupe ou par une autorité en place. Bien sûr, plusieurs sont incapables de résister à la pression du groupe. Ils abandonnent alors leur rationalité, leur capacité de penser, d'évaluer, de décider, bref, de se comporter en être libre. Les chercheurs ont montré que de nombreuses personnes se révèlent impuissantes devant la pression qu'exerce sur eux la société dans laquelle ils évoluent, le groupe restreint auquel ils sont intégrés. Chez beaucoup, les convictions morales ne sont donc pas très solides. Dans une célèbre expérience, le psychologue social Salomon Asch (1951) a montré qu'un individu est incapable de maintenir son estimation de la longueur d'un simple segment de droite tracé sur un carton si les sept individus de son groupe sont unanimes à défendre une réponse pourtant erronée. Moins de 25 % des participants se sont révélés capables de maintenir leur opinion face au groupe.

Stanley Milgram (1963), un psychologue social de l'Université Yale, a démontré à quel point un individu se plie aux ordres d'une autorité qu'il respecte, même quand cela entre en contradiction avec son propre système de valeurs, sa propre éthique. Sous l'ordre d'un savant en blouse blanche, les 40 sujets de cette étude devaient administrer des chocs électriques à une victime (complice de Milgram). Si 14 sujets ont refusé d'aller jusqu'au grade extrême (« Danger : choc grave »), 26 ont accepté de le faire en dépit de leur trouble émotionnel (tremblements, sueurs), appuyés qu'ils étaient par le savant qui leur répétait que lui seul était responsable de l'expérience et qu'eux ne l'étaient en rien.

Si on rapporte ces résultats à la pratique professionnelle, on pourra estimer qu'un bon nombre de publicitaires sont susceptibles d'agir sans trop se questionner et se conformeront plutôt à l'éthique de leur milieu, de leur patron, de leur client. Peut-être que seulement le quart d'entre eux se comporteront selon ce que leur dicte leur morale personnelle, les autres se contentant de se laisser emporter par la marée environnante.

Religion ou raison

Bien qu'influencé par l'environnement psychosocial, l'être humain mature restera toujours personnellement responsable de ses actes, y compris dans les circonstances atténuantes que sont la dynamique du groupe, les désordres ou les guerres. À Austerlitz en 1805, Napoléon Bonaparte massacre 16 000 personnes, et il emporte la victoire. C'est un héros. À Waterloo, 10 ans plus tard, il cause 7 000 morts et est vaincu. C'est un perdant : il est déchu et exilé. Mais, en son âme et conscience, il est convaincu d'avoir fait les bons choix. Il reviendra au pouvoir.

> *Œil pour œil, dent pour dent.*
>
> Le roi Hammourabi

Qui d'autre que soi-même dispose de la compétence pour distinguer ce qui est bien de ce qui est mal ? Peut-on se décharger de sa responsabilité morale sur d'autres ? Sur ceux qui savent davantage (les sages, les spécialistes), ceux qui sont davantage contraignants (les puissants, les violents) ou ceux qui commandent de plein droit (les chefs démocratiquement élus) ?

Dans la nuit du 9 mars 1945, le Général états-unien Curtis Lemay sema la terreur à Tokyo sur laquelle il jeta 1600 tonnes de bombes au napalm. En cette seule nuit, il fit 85 000 morts, 40 000 blessés et un million de sans-logis. Devait-il porter personnellement le poids moral de cette action ou pouvait-il s'en décharger avec l'alibi qu'il obéissait aux ordres de ses officiers supérieurs, du Pentagon ou de la Maison-Blanche ? Lui-même (Morris, 2004) avoue dans un échange subséquent : « J'imagine que si nous avions perdu la guerre, j'aurais été condamné comme criminel de guerre. Heureusement, j'étais du côté du vainqueur. » Il sait bien que d'autres l'ont considéré comme le diable, mais, selon lui, il avait fait le bon choix. Voilà deux hommes qui, quoique se conduisant selon l'éthique de leur groupe, assumaient leur responsabilité personnelle.

Dans les groupes où l'on croit en un dieu unique et personnel, en particulier dans ceux liés aux religions du Livre (judaïsme, christianisme, islam), le bien et le mal semblent correspondre à des valeurs absolues. Il existerait un mal « en soi » — et de même pour le bien. D'une certaine manière, les adeptes de ces religions concèdent aux exégètes ou à leur chef une partie de leur responsabilité morale. Et c'est sans doute une situation similaire dans maints autres groupes humains. Toutefois, dans les sociétés modernes, la conscience morale est davantage façonnée par l'environnement civil (justice, éducation, arts, publicité), qu'elles soient démocratiques ou non. On accepte mal qu'un seul homme, fusse-t-il le Pape, soit infaillible.

La culture fait de nous des êtres spécifiquement humains.

Déclaration de Mexico

Venue originellement du ciel, la morale se construit désormais à partir des grands courants d'idées, des échanges interpersonnels. Le physicien et professeur de logique Marcel Boisot (1999 : 237) explique cette évolution en ces mots : « La genèse de la morale qui, traditionnellement, empruntait une trajectoire verticale du fait qu'elle était perçue et vécue comme « venant d'en haut », exprimant sur terre un certain ordre transcendant (les dieux ou la nature), suit à présent un cheminement horizontal, en ce sens que c'est la société elle-même qui la conçoit et la met en application, par l'intermédiaire de ses représentants (hommes politiques, médias et leaders d'opinion). » La publicité est un de ces intermédiaires. Naguère issue d'une lumière venue d'en haut, la morale est donc maintenant davantage oxygénée par un vent soufflant du large.

Idéaliste ou pragmatiste

Le jugement éthique est-il donc indéniablement marqué par l'environnement social ? La liberté personnelle n'est-elle que fictive ? N'existe-t-il pas des individus libres, capables de porter sur les événements des jugements absolus et non pas circonstanciels ? Reposons la question autrement : la liberté personnelle ne tient-elle pas une place fondamentale en matière d'éthique ?

Les psychosociologues Schlenker et Forsyth (1977) ont étudié la question et ils concluent que tout repose sur la personnalité de la personne qui est confrontée à une situation ambiguë sur le plan éthique. Ces chercheurs ont mis au point un questionnaire pour cerner la personnalité des personnes qui doivent porter un jugements éthique. Ce questionnaire les situent sur un continuum perceptuel de « pragmatiste-relativiste » à « idéaliste-absolutiste ». Un pragmatiste pense que la moralité d'un acte dépend du moment et du lieu ; la droiture éthique est pour cette personne une question de contexte. Elle forme son jugement selon les *conséquences* des actes qu'elle pose ; un acte qui a peu de conséquences ne peut être mauvais, un acte, quel qu'il soit, qui produit de bonnes conséquences, sera forcément bon. Reprenons un exemple donné par le philosophe Ruwen Ogien (2004) : Est-il moral de tuer un seul innocent pour sauver cent autres innocents ? Le pragmatiste répondra « oui ». Une évidence pour lui.

Au contraire, un idéaliste qui, par exemple, sauverait des compatriotes en exécutant sous ordre un délateur, serait intimement convaincu d'avoir fait le mal. Pour lui, la conscience morale est inscrite dans le cœur des humains; une échelle de valeurs s'applique partout et toujours. C'est donc en dehors du contexte qu'il portera un jugement sur la moralité des actes posés, un acte étant éthiquement bon ou mauvais en soi. Pour lui, il n'existera pas, par exemple, de mensonge blanc, ce mensonge prononcé pour ne pas faire de peine à autrui; tout mensonge sera mauvais.

Les deux types de personnalités répondront différemment à une question comme celle-ci: en publicité, peut-on jouer sur la manipulation affective? Un pragmatiste répondra: « Ça dépend. Si par exemple, c'est pour diminuer le nombre de morts causés par la vitesse au volant, bien sûr qu'il est moral d'y recourir. » Un idéaliste répondra: « Non. On ne peut pas jouer avec la réalité. Faire de la manipulation est immoral. »

Si nous avions perdu la guerre, j'aurais été condamné comme criminel.

Curtis Lemay

En communication de masse, deux pôles sont reliés par le message: l'émetteur et le récepteur. Si Schlenker et Forsyth (1977) ont tenté de mettre au jour ce qui se passe dans la tête des émetteurs (les publicitaires), on pourrait aussi évalué la manière dont la publicité est jugée par les récepteurs (les consommateurs). Si on met en rapport le jugement éthique qu'ils portent sur la publicité avec leur type de personnalité « forsythienne », quelle est l'importance de l'interdépendance, de cette corrélation?

Debbie Treise (1994), professeure de publicité à University of Florida Gainsville, a tenté de déterminer jusqu'à quel point les consommateurs sont davantage pragmatistes qu'idéalistes. Elle a soumis 292 consommateurs à des interviews en profondeur. Elle voulait savoir s'ils jugeaient éthique d'intégrer deux minutes de publicité au bulletin de nouvelles *Channel One* diffusé quotidiennement dans les écoles secondaires. Elle leur a demandé jusqu'à quel point « on était justifié d'amener les écoliers à regarder de la publicité en vue de recevoir en contrepartie de l'équipement ou de l'argent des annonceurs ». Plus de 70 % des consommateurs étaient en désaccord avec ce type d'entente alors que seulement 14 % l'approuvaient. Or, l'auteur a trouvé que la personnalité de l'interviewé (pragmatiste ou idéaliste) était la variable-clé qui intervenait dans le jugement qu'un consommateur porte sur la moralité de cette tactique publicitaire. La moralité d'une personne serait donc fonction de sa structure psychologique ?

> *La morale c'est la société elle-même qui la conçoit et la met en application.*
>
> Marcel Boisot

De nos jours, on se trouve donc confronté à deux définitions du Bien, celle des pragmatistes et celle des idéalistes, ce que le sociologue Max Weber (1919 : 70) appelait l'éthique de responsabilité pour les premiers et l'éthique de conviction pour les derniers. Il expliquait que ces deux positions sont irréductiblement opposées : « [Et cela veut dire] qu'il y a une opposition abyssale entre l'attitude de celui qui agit selon les maximes de l'éthique de conviction — dans un langage religieux nous dirions : « "Le chrétien fait son devoir et, en ce qui concerne le résultat de l'action, il s'en remet à Dieu" — , et l'attitude de celui qui agit selon l'éthique de responsabilité qui dit : "Nous devons répondre des conséquences prévisibles de nos actes". »

TECHNICIEN CENTRÉ SUR LA TÂCHE

Pour ce qui est des publicitaires, je considère que, pour la majorité d'entre eux, l'éthique ne fait pas partie de leurs critères quand vient le moment de juger si leurs actes sont adéquats ou non — sinon, de façon floue, en sourdine. Les publicitaires sont honnêtes, ils font du travail de pro, mais l'aspect éthique ne semble pas faire partie de leurs responsabilités — ni de leur conscience immédiate. Ce sont pour la plupart des spécialistes entièrement centrés sur leur tâche : l'efficacité persuasive. Au mieux, ils se contenteront de considérer le code de déontologie autoproclamé de la profession. L'éthicien Georges Legault (2003 : 183), directeur du Centre interuniversitaire de recherche en éthique appliquée à l'Université de Sherbrooke, souligne ainsi cette inclinaison à céder sa responsabilité morale propre au profit d'une simple réglementation : « On assiste à la disparition graduelle du sens moral au profit du droit administratif. La dimension morale des professions se réduit dès lors à la protection du public, garantie par des disponibilités de contrôle et de surveillance des membres. » Or, nous l'avons dit, le droit n'est pas l'éthique.

> *Il y a une opposition abyssale entre l'éthique de conviction et l'éthique de resposabilité.*
>
> Max Weber

Naguère, c'étaient les qualités d'humaniste qui aiguisaient la responsabilité éthique des spécialistes des professions libérales. Il semble que cette responsabilité se déplace désormais vers la structure organisationnelle, technocratique. Deux phénomènes relativement récents expliqueraient cette mutation. Le premier, c'est l'évolution du rôle de professionnel lui-même et le deuxième, c'est la globalisation des marchés.

PROFESSIONNEL OU TECHNICIEN SUPÉRIEUR ?

On ne définit plus la fonction de professionnel de la même manière au tournant du troisième millénaire qu'on le faisait, disons, au siècle des Lumières. Qu'est-ce qu'une profession ? L'encyclopédie Larousse (2008) dit simplement : « Métier de caractère intellectuel, artistique, etc., qui donne une position sociale plus ou moins prestigieuse . » Un professionnel est une personne qui exerce une profession. Mais il existe une autre acception du mot professionnel; on peut l'entendre, comme dans le présent ouvrage, dans le sens de « personne qui exerce une profession *libérale* ». Le professionnel serait alors une personne qui exerce une profession de manière indépendante, comme on le comprend du médecin ou de l'avocat.

Un tel professionnel règle ses litiges moraux de son propre chef. Il n'a pas besoin de code de déontologie, sinon pour ce qui est des règles communes. Autrement, l'arbitrage éthique des situations conflictuelles repose entièrement entre ses mains. Un véritable professionnel se construit sa propre éthique. Alors, comme l'écrivent Duhamel et Mouelhi (2001: 175), « [la confrontation éthique] est une épreuve où l'on remet en question les évidences et les solutions toutes faites, où l'on fait l'expérience de ses propres limites et où l'on essaie de nouvelles façons de faire et de penser ». Exactement ! Devant les situations délicates auxquelles il est acculé, un professionnel méprise les solutions toutes faites; il s'oblige à considérer minutieusement les différentes options possibles. Le technicien applique des solutions apprises; le professionnel invente au besoin les solutions adéquates.

Cette responsabilité personnelle a été réelle tant que les professionnels travaillaient de manière autonome dans une petite officine. Or, de plus en plus, ils sont intégrés à des équipes de travail, à des organisations professionnelles, voire à des entreprises capitalistes. Ce dernier cas est souvent celui des publicitaires. Quand François-Émile Fontaine, en 1906, lance à Montréal la première agence de publicité canadienne-française, il est seul et la responsabilité morale de ses actes lui appartient en propre; c'est un professionnel. Mais quand le créatif d'une grande agence est confronté à un dilemme, il n'est pas seul dans l'affaire; c'est un employé. À son organisation qui poursuit ses objectifs propres, de même qu'à ses camarades, il doit loyauté et, envers lui-même, il doit honnêteté et respect de ses propres valeurs.

La situation est plus délicate encore pour le jeune publicitaire : comment arrivera-t-il à louvoyer entre les diverses positions possibles, celle de l'école où on aura défini son rôle pour un cadre relativement théorique, celle des affaires dont il est en pratique un infime rouage, et la sienne propre résultant de sa culture, de sa personnalité forsythienne et de sa réflexion ? Soyons réalistes ! Au mieux, si ce praticien est doté d'une forte personnalité, son éthique sera un amalgame de ces diverses influences ; plus souvent, ce sera celle de la moyenne de son entourage ou plus directement celle de ses supérieurs affairistes.

Seul ou avec d'autres

Par ailleurs, avec l'industrialisation, les sociétés sont passées d'une relative autarcie à un marché d'échanges plus ou moins libre dans lequel le rôle du capital devenait de plus en plus important. Avec les années 1980, la mondialisation a créé un nouvel environnement socio-économique dans lequel les bénéfices de la croissance sont cédés au capital (les actionnaires) bien davantage qu'aux travailleurs qui sont devenus le simple rouage d'un gigantesque système de production comme le résume en ces termes, Ban Ki-Moon, Secrétaire général des Nations Unies dans un rapport du Conseil économique et social (2007 :12) : « Pendant les dernières décades, les inégalités économiques ont augmenté partout dans le monde. Le fossé entre les plus riches et les plus pauvres des deux bouts de l'échelle s'est creusé ; à la fois en termes de revenu et d'avoirs, l'écart est énorme et *continue de s'accroître.* » [italiques de l'auteur] C'est ce que Richard Sennett (2007) de la

On assiste à la disparition graduelle du sens moral au profit du droit administratif.

Georges Legault

London School of Economics a également amplement montré dans ses *Castle Lectures in Ethics, Politics and Economics* données à l'Université Yale.

Un professionnel se trouve donc désormais soumis à un immense système dont le principal critère d'efficience est d'ordre matériel (voire limitativement financier). Le philosophe Heidegger appelle cela « le monde de la technique », un monde dans lequel « le souci des fins, explique Ferry (2006 : 246), va totalement disparaître au profit de la seule et unique considération des moyens [donnant naissance à] un processus qui dépasse les volontés individuelles conscientes ». Le professionnel ne dispose alors pour porter un jugement moral sur ses actes que de sa seule compétence individuelle. Il doit donc porter un verdict qui tienne compte à la fois de la raison d'être de la machine globale dont il est partie intégrante, du point de vue du groupe social auquel il s'identifie, et encore de ses valeurs propres. Se dessine ainsi une nouvelle difficulté : trouver la démarche qui permettrait d'unifier ces diverses forces.

Découvrir la voie éthique n'est pas facile. Ainsi, les citoyens des pays riches se questionnent sur l'opportunité d'utiliser les semences OGM, non convaincus de leur innocuité (sans parler d'un autre aspect éthique que constitue la privatisation et le brevetage des organismes vivants). Leur usage inconsidéré révolte maints citoyens repus des pays les plus riches. Or, l'économiste et Prix Nobel Muhammad Yunus (1997) faisait remarquer que, lorsqu'il s'agit de manger pour survivre à courte échéance, on ne se préoccupe pas de savoir si la semence est OGM ou pas.

On l'a compris, l'évaluation éthique est à la fois personnelle et sociale. Aussi n'est-il pas surprenant que les critères d'évaluation d'une situation diffèrent d'une organisation à un individu, de l'agence au publicitaire. Une organisation est mise sur pied pour poursuivre ses fins propres. Une entreprise capitaliste a pour mission de générer des profits pour ses actionnaires. Une telle entreprise, n'aime pas, ne haït pas, n'est pas éthique. Mais les individus de cette entreprise peuvent — doivent ? — développer une éthique. De toute manière, c'est le cas : chacun s'est approprié une échelle de valeurs, ne serait-elle qu'inconsciente. Chacun devra finir par s'y plier, sinon, ce sera au risque d'un inconfort moral, de sa santé physique même : on ne peut, impunément, agir continuellement à l'encontre de ses propres valeurs.

La confrontation éthique est une épreuve où l'on remet en question les évidences et les solutions toutes faites.

Duhamel et Mouelhi

Sur le plan strictement professionnel, le chimiste a comme fonction d'étudier les molécules, le soldat de tuer l'ennemi et le publicitaire de persuader le public-cible. Mais toutes ces personnes sont à la fois des professionnels *et* des humains. En ce qui nous concernent ici, un publicitaire est à la fois publicitaire ET amoureux, parent, sportif, amateur d'art, croyant, ainsi de suite. Quand un professionnel exerce son métier, il est impossible qu'il fassent fi des autres aspects de sa personnalité pour ne jouer que son seul rôle professionnel. S'il veut rester humain, un publicitaire ne pourra mettre momentanément entre parenthèses sa moralité pour mieux jouer sa carte de persuadeur.

Une frilosité inattendue

On a reproché ses comportements abusifs à Henry Ford (1921 : 181), l'homme d'affaires qui, d'un autre côté, présentait parfois des vues éthico-économiques prophétiques comme celle-ci : « On dit que c'est le profit qui justifie l'existence des affaires. C'est faux. Les affaires existent pour rendre service. C'est une profession et une profession respecte une éthique. [...]

Un jour, les affaires fonctionneront comme ça.» Prédiction réalisée? Reste à voir.

La publicité est la voix du marketing qui est le bras droit des affaires. Revenons au cœur de notre propos: les publicitaires adoptent-ils de véritables comportements éthiques quand ils exercent leur métier? les publicitaires manifestent-ils un intérêt pour l'éthique? L'Association des agences de publicité du Québec (AAPQ) diffuse un Code de normes, mais il ne s'y trouve pas d'équivoque: il s'agit davantage de déontologie que d'éthique.

Ce code comprend sept sections: 1. soutien à la société et aux consommateurs et autoréglementation; 2. soutien au travail de l'AAPQ; 3. critique publique de l'industrie; 4. relations avec les clients; 5. relations avec les médias et les fournisseurs; 6. relations entre agences membres; 7. administration. On constate que ce code est en réalité un méli-mélo de vœux pieux, de conseils d'autoprotection ou de règles administratives. Il ne s'agit pas d'un code de déontologie en bonne et due forme.

Énoncer «Nous souhaitons que chacun de nos membres [...] accepte de fournir du personnel bénévole qui travaillera au sein des divers comités constitués par l'AAPQ au besoin» n'engage pas beaucoup sur le plan éthique. Énoncer «Les membres de l'AAPQ reconnaissent l'obligation de créer des publicités qui soient en conformité avec les lois québécoises et canadiennes» ne constitue pas une prise de position éthique mais plutôt une mise en garde d'ordre juridique (autoprotection). Énoncer «Bien qu'un dialogue public sur l'état de l'industrie de la publicité ou sur son orientation soit sain, certaines déclarations publiques peuvent être néfastes et injustes pour l'industrie» démontre une frilosité inattendue de la part de

Pendant les dernières décades, les inégalités économiques ont augmenté partout dans le monde.

Ban Ki-moon

communicateurs professionnels. On lit plus loin : « Une agence membre doit faire preuve de prudence et s'assurer qu'elle et/ou ses employés n'ont pas accepté de cadeaux ou obtenu des faveurs pouvant être perçus comme créant des obligations envers les médias ou les fournisseurs. » Là, c'est clair : il faut lutter contre tout ce qui ressemble à de l'argent occulte. La section 4 est d'ailleurs explicite à ce propos.

Un code d'autoprotection

La section 4 est sans doute la plus contraignante et la plus éclairante sur le plan éthique. On semble vouloir combattre des comportements immoraux relativement répandus dans le monde des affaires. Citons quelques passages d'articles. « Une agence membre ne doit pas, à l'insu de son client, recevoir, tenter de recevoir ou autrement obtenir d'un tiers, une compensation ou autre bénéfice de quelque nature [...]. » Un autre : « Une agence membre ou ses employés ne doivent pas former de relations d'affaires avec une tierce partie, qui entreraient en conflit avec les intérêts d'un client, et ce, à son insu. »

Une profession respecte une éthique.

Henry Ford

Par ailleurs on peut se demander pourquoi une association professionnelle a besoin de prévenir ses membres en ces termes : « Une agence membre doit présenter à son client une facturation honnête, juste et équitable en fonction des normes généralement en vigueur dans l'industrie, du travail réellement accompli et des ententes sur rémunération convenues avec le client. » Suggére-t-on que des facturations malhonnêtes sont parfois présentées par les agences de publicité ?

Cela rappelle le Scandale des commandites disséqué par la Commission d'enquête sur le programme de commandites et les activités publicitaires (2004). Les professionnels de la communication de masse se désolent quand ils sont confrontés à de telles malversations. Danielle Maisonneuve (2004 : 11), professeure de communication sociale et publique à l'Université du Québec à Montréal, écrit : « Ce scandale qui éclabousse tout le milieu des communications a un écho qui renforce aux yeux [des relationnistes] l'importance de la mise en place de mesures disciplinaires concrètes pouvant mieux protéger la crédibilité des relationnistes professionnels, soulignant à travers cet exemple, tout le sérieux qui doit être accordé aux questions d'éthique. » Pour le moment, les publicitaires n'accordent pas suffisamment d'importance à ces questions, y consacrent peu de temps et n'y investissent pratiquement pas de ressources.

Un code qui considère les dérives morales avec sérieux prévoit des sanctions pour les contrevenants. Ce ne semble pas être le cas pour l'AAPQ qui suggère de procéder avec des pincettes quand vient le moment de sévir. Elle indique de constituer, « dans la mesure prévue », un Comité d'audition qui fera enquête « avec toute la prudence, la diligence et la confidentialité requises ». Discrétion, confidentialité. On sent ici non seulement la précaution, mais la pusillanimité. Et l'association convient de mener une enquête « advenant qu'un incident, susceptible de représenter une possible infraction, soit rendu public ». Et si ce n'est pas rendu public ? Faut-il laisser filer ?

Le Code effleure donc quelques points de l'éthique et c'est bien, mais on garde l'impression que l'esprit du Code est davantage celui d'une entente entre entreprises en concurrence et qui veulent protéger leurs marchés respectifs. Et pour le fond, ce n'est aucunement un code d'éthique.

Il apparaît que cette association professionnelle n'est pas concernée par les implications éthico-sociales de l'activité publicitaire comme telle, ou en tout cas, ce semble être le moindre de ses soucis. C'est pourquoi l'État réglemente cette profession, ce qui permet d'obtenir par le droit ce qui ne s'est pas naturellement dégagé par l'éthique professionnelle.

Les clercs au secours

Poussés par le remous public, il arrive tout de même que les publicitaires réfléchissent à l'aspect éthique de leurs comportements. Certains rougissent alors des roueries auxquelles ils ont parfois recouru pour doper la persuasion. De temps à autre, on parle d'éthique du métier dans des revues spécialisées comme *Advertising Age* ou *Journal of Advertising*, le plus souvent sur des aspects chauds comme la persuasion subliminale, les rôles sexuels ou l'autoréglementation. En 1971, Robert McAlear (2007), directeur de la création à l'agence BBDO de Toronto lance l'idée de consulter des théologiens pour connaître leur avis sur la moralité de la publicité canadienne — comprendre « la publicité anglophone », bien sûr.

Quatre théologiens de diverses confessions ont alors formé un comité pour étudier la question. En 1972, ils publient un petit rapport de 40 pages intitulé *Truth in advertising* qui tente principalement de répondre à la question suivante : La publicité est-elle mensongère ? L'essentiel de leur réflexion est résumé dans le préambule de l'opuscule (Gibson, 1972 : 3) : « Il est particulièrement difficile de fixer des normes compte tenu du fait que la publicité est une opération qui comprend de multiples facettes [...] Il serait fou, y lit-on, de restreindre la notion de vérité à celle d'une proposition logique ou à celle de la vérité littérale d'un énoncé, étant donné que la façon la plus efficace de tromper est souvent de présenter un énoncé qui est vrai littéralement alors que l'on cache des faits cruciaux, ou bien que l'on présente des énoncés équivoques qu'il est alors difficile de qualifier de mensongers. » Le théologien pose alors une question inquiétante s'il en est pour les publicitaires : Est-il possible d'améliorer la qualité éthique de la publicité sans en détruire la nature ?

Un diable dans l'eau bénite

Pour taire immédiatement les angoisses des professionnels, Gibson répond à sa question dans la même page : « Oui, c'est possible. » Et il continue en défendant les publicitaires, explicitant son principal argument. Il estime que les consommateurs ne sont nullement « crédules », qu'ils sont des « personnes raisonnables » — sous-entendu : capables de flairer et de déjouer les ruses des publicitaires. De la part d'un intellectuel, est-ce là de la naïveté ou de la complicité ? L'auteur ajoute même : « En final, nous soulignerons le fait que la publicité peut servir un but d'éducation (et elle le fait), augmentant la sophistication humaine et même, inculquant ou stimulant certaines valeurs humaines. » McAlear et les publicitaires torontois étaient comblés : ils avaient obtenu la bénédiction de leurs confesseurs.

> *Le Scandale des commandites éclabousse tout le milieu des communications.*
>
> Danielle Maisonneuve

Les publicitaires ont trouvé bien d'autres défenseurs de la moralité de la publicité. Un de ceux-là est un publicitaire et philanthrope texan, Morris Hite (1988), qui prétendait que la publicité est la plus honnête des entreprises : « La publicité est un peu plus morale, un peu plus éthique que la strate socio-économique supérieure de la société. Pourquoi ? Parce que la publicité évolue dans un aquarium : c'est la plus visible des pratiques commerciales. Elle est surveillée par des millions de critiques [les citoyens]. Aucune entreprise, aucun moyen de communication, aucune forme d'art (ou quelque nom que vous donniez à la publicité), aucune autre entreprise n'est plus surveillée. » Cela est vrai, mais ne dit pas toute la vérité : les citoyens surveillent, mais ce sont les publicitaires qui sont les experts de la ruse.

Bref, les publicitaires se débattent comme un diable dans l'eau bénite pour défendre leur image et contrer les interventions étatiques, expliquant qu'ils se soumettent déjà par eux-mêmes à une éthique serrée. Il s'avère qu'ils ne sont pas prêts à se pencher sérieusement sur la question. Quand ils l'ont fait dans le passé, c'est quand l'État, pressé par ses citoyens, s'apprêtait à leur serrer la vis. Ils se sont alors empressés de proposer leur propre solution pour éviter un encadrement plus normatif. Le Bureau de la consommation du Canada (2007), un organisme gouvernemental, explique que cette tactique produit des codes qui ne donnent pas les mêmes effets qu'une loi en bonne et due forme : « Les codes qui soulèvent des attentes auxquelles ils ne répondent pas peuvent entraver ou empêcher l'adoption de lois nécessaires. À court terme, cela peut porter préjudice aux parties ou aux intérêts qui auraient dû être protégés. » Il existe en effet des consommateurs qui sont incapables de résister aux sirènes de la publicité parce qu'ils sont handicapés par des maladies ou des faiblesses psychologiques. Faut-il les laisser se débrouiller face aux plus forts, aux plus habiles, aux publicitaires ? Évidemment, non. Ils ont plutôt besoin d'une protection ferme parce qu'ils sont incapables de se protéger eux-mêmes. C'est pourquoi un État qui entretient des préoccupations sociales adopte des lois pour protéger les consommateurs.

Éthiques sous la pression de la loi

Dans les années 1970, Ron Basford, ministre canadien des Consommateurs et des Corporations, milite pour prohiber la publicité du tabac et de l'alcool, interdire la publicité destinée aux enfants et éradiquer ce qu'il appelait le « matraquage publicitaire » (*advertising overkill*) (Gerslbeck, 2008). Il n'a pas réussi car, sentant la soupe chaude et devançant l'État qui s'apprêtait à les contraindre par une loi, les publicitaires se sont donné un Code de normes (déontologiques) et le gouvernement a baissé pavillon. Bizarre que ce ne soit que sous la pression du public, de la société civile ou de l'État que les publicitaires semblent acquérir une sensibilité éthique. Autrement, les besoins ou la fragilité de « l'autre », ne les préoccupent pas, ne les intéressent pas, ne les touchent pas. Ils accomplissent les tâches pour lesquelles ils sont payés, un point, c'est tout.

Il serait fou de restreindre la notion de vérité à celle d'une proposition logique ou à celle de la vérité littérale.

Arthur Gibson

Le même phénomène s'est produit ailleurs : en 2008, l'Union des Annonceurs de France signale qu'ils adopteront une Charte pour une publicité éco-responsable — l'environnement est alors une position défendue sur tous les forums. Hélène Huteau (2007) de l'Association des Journalistes de l'Environnement commentait cette intention : « L'initiative est louable et sérieuse, même si un peu tardive pour une démarche qui se veut "préventive". » Les publicitaires s'étaient mis en marche parce que la pression du public était telle qu'ils risquaient de perdre ce qu'il leur restait de réputation et parce que l'État s'enlignait pour répondre aux désirs de la population par une réglementation sévère.

Pourquoi les publicitaires attendent-ils qu'on leur force la main ? Un exemple. La loi canadienne obligeait les cigarettiers à retirer des ondes télévisuelles toute publicité de tabac le 31 décembre 1971. Les spots d'une multinationale du tabac ont été diffusés jusqu'à la dernière minute. Pourquoi les publicitaires ont-ils profité des derniers instants légaux alors qu'ils savaient que les citoyens canadiens avaient exprimé haut et fort qu'ils étaient contre l'utilisation de la télévision pour promouvoir l'usage de la cigarette ? Pourquoi toujours jouer sur les marges de ce qui est licite ? Cette propension fait-elle partie du caractère des gens du métier ? Il semble en tout cas que les publicitaires découvrent souvent leurs valeurs morales quand la pression se fait sentir.

La publicité est un peu plus morale, un peu plus éthique que la strate socio-économique supérieure de la société.

Morris Hite

Le juriste Jean-Pierre Teyssier (2004) écrit : « Publicité en français, étymologiquement, signifie “rendre public”. On est du côté de l’émetteur. En anglais, publicité se dit *advertisement* qui vient du latin *advertere* qui veut dire “se tourner vers” ou “porter attention”. On est avec le récepteur. Le pragmatisme saxon nous donne une leçon de sagesse pratique : il faut être du côté de celui qui reçoit le message publicitaire si l’on veut assumer la raison d’être de son métier et en évaluer les conséquences. » Cette remarque est intéressante et souligne une singularité qui vient sans doute de l’esprit d’un peuple, mais, dans la pratique, quand le publicitaire se met du côté du destinataire, c’est pour se mettre à son niveau, adopter son langage, s’assurant ainsi que l’effet final servira mieux l’émetteur-annonceur. Ce n’est pas parce qu’il est du côté du récepteur-consommateur.

Richard Beltramini (2003 : 215), professeur de marketing à Wayne State University, a dirigé un numéro spécial du *Journal of Business Ethics* dans lequel il a rédigé une présentation qui souligne, par le titre même, une espèce de contradiction entre les mots « éthique » et « publicité » : « Advertising Ethics : The Ultimate Oxymoron ? ». L’oxymoron est cette figure de style qui, pour produire un effet rhétorique, allie deux mots dont les sens se contredisent. Il pose ainsi la question de savoir si la publicité est incompatible avec l’éthique. Dans son texte, il reconnaît que la réflexion éthique a tout de même civilisé le commerce sauvage : « L’éthique publicitaire a joué le rôle de paratonnerre contre les situations délicates, et l'on reconnaît qu'elle a joué un rôle dans la disparition de certaines pratiques en affaires et contre un commercialisme trompeur. » En rendant public les prix et les qualités d'un produit ou d'un service, il est vrai que la publicité ravive la concurrence et dans l'équilibre de l'offre et de la demande, il est alors moins facile pour le marchand d'abuser de consommateurs naïfs.

Il est également vrai que les grandes entreprises ne peuvent essayer de tromper leur client, sinon ils risqueraient ainsi de faire perdre de la valeur au capital de marque. Ainsi, le consommateur est davantage sûr d'obtenir la qualité promise en achetant un produit de marque plutôt qu'un produit anonyme. Effectivement, on peut avancer que c'est grâce au *branding* que l'éthique s'est glissée dans le milieu du commerce. Mais est-ce là de l'éthique ? Kant expliquait que ce qui fait la valeur morale d'une action, c'est le désintéressement. Respecter ses engagements lors d'un échange commercial ne révèle pas une préoccupation éthique ; c'est une question de survie en affaires. Une relation commerciale est un échange où les deux protagonistes en ressortent avec la conviction qu'ils sont gagnants. Un commerçant se conduira éthiquement quand il respectera le consommateur pour ce qu'il est comme humain et non pour ce qu'il rapporte comme client.

Bref, peu de gens d'affaires ou de publicitaires réfléchissent sérieusement à certaines de leurs pratiques qui sont délicates sur le plan éthique.

Des organismes qui régulent

Qui serait donc responsable d'insuffler davantage d'éthique dans la pratique publicitaire ? Dans la plupart des pays industrialisés, c'est un organisme issu du commerce ou de la profession. Aux États-Unis, c'est le National Advertising Division du Council of Better Business Bureaus (2008) qui répond de l'éthique publicitaire devant la population. Sur son site, on constate pourtant que la première préoccupation est d'épargner des sous aux annonceurs qui se voient contestés pour avoir diffuser de la publicité non-éthique.

Au Royaume-Uni, c'est le Advertising Standards Authority (2008) qui joue un rôle similaire. Cet organisme semble davantage préoccupé par le niveau d'éthique de la pratique car, selon ce qu'il écrit, on étudie les violations « qu'il y ait plainte ou non ». Également, l'organisme fournit en ligne un formulaire de grief pour les citoyens.

En France, c'est le Bureau de Vérification de la Publicité — devenu en 2008 l'Autorité de régulation professionnelle de la publicité (ARPP). Le ARPP (2008) libelle ainsi sa mission : « Mener une action en faveur d'une publicité loyale, véridique et saine dans l'intérêt des professionnels de la publicité, des consommateurs et du public. » De 1953 à 2008, le Bureau de vérification de la publicité (BVP) était exclusivement formé de publicitaires ; désormais, « il est composé, à parité, de représentants [du monde publicitaire] et de personnalités extérieures choisies pour leur autorité ». Mais choisies par qui ? Nouveau faux-fuyant ? La journaliste Laurence Girard (2008) écrit dans *Le Monde* : « Cette mue a été l'enjeu d'une âpre bataille avec les associations. [...] La régulation publicitaire était déficiente en France. En ligne de mire : le BVP, émanation de la profession publicitaire. [...] On militait pour sa suppression et pour la création d'un Conseil supérieur de la publicité, co-dirigé par les professionnels, les associations et les pouvoirs publics. » C'est parce qu'il ne pouvait plus résister à la pression publique que le BVP s'est transformé.

L'éthique publicitaire a joué un rôle contre un commercialisme trompeur.
Richard Beltramini

Au Canada, c'est le Advertising Standards Canada (ASC) qui dispose d'une antenne au Québec, le Conseil des normes canadiennes de la publicité (NCP) dont on parlera plus loin.

Il existe donc des organismes qui veillent à ce que l'on élimine les plus graves excès de la publicité, mais ces organismes sont davantage des gentils toutous que des chiens de garde car ils sont contrôlés par les publicitaires eux-mêmes. Ainsi le ASC rassemble 170 membres, annonceurs, agences, médias et fournisseurs. Où sont donc passés les citoyens, politiques, moralistes, consommateuristes ? Les publicitaires opposent encore une échappatoire au contrôle externe ; ils demeurent juge et partie. C'est pourquoi Murphy (1998 : 318) insiste : « Si on veut que l'attitude générale s'améliore, les organismes d'autoréglementation aux États-Unis comme ailleurs dans le monde doivent jouer un rôle plus énergique. » Euphémisme ! De manière générale, les publicitaires résistent à resserrer les cadres. Les codes volontaires sont trop souvent inefficaces. Ils sont parfois si laxistes qu'ils sont régulièrement identifiés comme tel et critiqués — y compris par des organismes gouvernementaux. Le Bureau de la consommation du Canada (2007) commente, quoique prudemment, le cas canadien : « Il peut parfois arriver qu'à la différence des lois, les codes volontaires suscitent le scepticisme et la critique. » Bien sûr que les consommateurs doutent que les publicitaires eux-mêmes prêteront une oreille attentive à leurs doléances. C'est certainement une raison pour laquelle si peu de griefs sont formulés devant ces instances-là.

Pas beaucoup de mordant

Le Code canadien des normes de publicité (2008) n'a pas beaucoup de mordant. Le premier article traite du mensonge — ou, plus positivement ! — de la véracité. Il précise que les publicités ne doivent pas comporter « d'allégations ou de déclarations inexactes ou mensongères ». C'est une norme qui ne change pas grand-chose dans la pratique puisque l'une des premières règles que l'on apprend dans le métier, c'est qu'il est très risqué d'afficher des prétentions que le produit ne peut pas soutenir. Toutefois, on a ajouté au cours des années un paragraphe qui précise que « lorsque le Conseil doit attester de la véracité d'un message, il ne s'intéressera pas à la légalité de sa formulation ou à l'intention de l'annonceur, [mais] il considérera plutôt le message tel que reçu ou perçu ». Juste considération. Le Code insiste ainsi sur *l'esprit* de la loi qui interdit de faire indirectement ce qu'elle défend de faire directement. Plus loin, le Code mentionne que « toute information accompagnée d'un astérisque ne doit pas contredire les aspects importants du message ». Autrement dit, il ne faut pas contredire en petits caractères l'offre alléchante que l'on fait en gros caractères. Cette façon de faire est pourtant largement répandue. Ainsi, en 2007, l'Office de la protection du consommateur du Québec s'est penché sur cette tactique généralisée en téléphonie portable qu'elle considère déloyale et a tenté de convaincre les fournisseurs de faire des offres publicitaires plus transparentes. Sans succès !

L'article 3 du Code affirme que la publicité ne doit pas faire « de comparaisons irréalistes quant aux prix ». Cela est de toute manière interdit par la loi. L'article 70 de la Loi sur la Concurrence C-34, promulguée par le Canada en 1985, précise : « (2) est susceptible d'examen le comportement de quiconque donne [...] des indications au public relativement au prix auquel un ou des produits similaires ont été, sont ou seront habituellement fournis ». C'est en vertu de cet article de la Loi et non en vertu du Code, que des entreprises sont condamnées chaque année par le tribunal pour avoir tenté d'induire en erreur les consommateurs, entre autres et surtout quant au prix auxquels des entreprises concurrentes offraient des marchandises.

Bien que plusieurs entreprises soient condamnées annuellement, les amendes sont souvent dérisoires, à tout le moins, en proportion des ventes ainsi générées par une chaîne de magasins. Tout de même, en 1998, les grands magasins La Baie ont été condamnés à une somme de 600 000 $ d'amende pour avoir laissé croire que des vélos étaient offerts à un tel prix pour un court laps de temps alors que c'était le prix normal. Konrad von Finckenstein , porte-parole du Bureau de la concurrence, a expliqué : « Les consommateurs peuvent facilement être trompés par des soldes créant une fausse impression d'urgence, spécialement lorsqu'il s'agit de biens d'usage courant » (*La Presse*, 5 mai 1998). C'était, à l'époque, la deuxième plus grosse somme à laquelle était condamné un contrevenant ; cela équivaut à près de 800 000 $ en dollars de 2008.

Si on veut que l'attitude générale s'améliore, les organismes d'autoréglementation doivent jouer un rôle plus énergique.
Patrick Murphy

Par ailleurs, on sait l'insistance que les pétrolières mettent à afficher les prix de l'essence sur d'immenses enseignes ayant pied sur rue. Or, en 2008, Ultramar (« On surveille les prix pour vous ») est accusée d'avoir comploté avec des concurrents pour convenir des prix auxquels l'essence serait vendue et publicisée. L'entreprise admet sa culpabilité et est condamnée à une amende de 1,8 million $. Le journaliste Michel Van de Walle (2008) commente : « C'est la seconde fois, de mémoire d'homme, que l'organisme fédéral réussit à amasser les preuves requises pour démontrer que des entreprises et des individus se sont entendu pour fixer les prix à la pompe ! » Oui, le prix est souvent utilisé comme une donnée capitale dans les tactiques de publicité promotionnelle.

Autre sujet problématique : la peur. Elle est — avec la sexualité, la violence et l'humour — une des grandes motivations utilisées en publicité, et particulièrement en publicité sociale ; aussi, sont-ce des motivations fréquemment critiquées. Le Code canadien des normes de la publicité comprend effectivement un article qui l'interdit… sans l'interdire. On y lit à l'article 11 : « Les publicités ne doivent pas exploiter les superstitions ou jouer sur les frayeurs pour tromper les consommateurs. » On « ne doit pas » exploiter les frayeurs « pour tromper », mais pour faire le bien ? le peut-on ? le doit-on ?

Le même flou se retrouve dans les codes européens. L'article 4.2 du Code international de pratiques loyales en matière de publicité (2008) élaboré par la Chambre de commerce internationale se lit comme suit : « 2. La publicité, sauf raison justifiable, doit proscrire toute exploitation du sentiment de peur. » L'usage de la peur est proscrit, « sauf raison justifiable ». Drôle d'interdit !

Le Code canadien des normes de publicité n'est donc pas contraignant comme une loi, ni comme un règlement en découlant. Peut-être même qu'une bonne partie des publicitaires en ignorent la teneur exacte. Le juriste Iain Ramsay (1996), professeur de l'Université York, faisait observer : « Il ne semble pas y avoir d'efforts suivis pour s'assurer que les publicitaires se conforment au Code, et on ne sait même pas si la Fondation de la publicité [qui en est responsable] a réussi à faire connaître ses Normes au milieu de la publicité. » Il fait remarquer que même « la Direction des pratiques commerciales d'Industrie Canada laisse entendre qu'on devrait faire des efforts supplémentaires pour transformer cette autoréglementation en réglementation. »

Si vingt-cinq ans après sa première mouture, le Code ne réussit pas à satisfaire les organismes étatiques, il est improbable qu'il en vienne à satisfaire les associations de défense des consommateurs. C'est qu'il ne comporte pas assez de poigne pour garantir un réel équilibre entre les positions des citoyens-consommateurs et ceux des annonceurs et des publicitaires. C'est aussi le signe que le milieu publicitaire trouve un intérêt si ténu dans l'éthique qu'il ne réussit pas à démontrer une réelle disposition à protéger le public contre les excès.

Le Conseil des normes canadiennes de la publicité (NCP) démontre en effet sa bonne volonté à sanctionner les abus en des termes minimaux : « La publicité est évaluée en réponse à toute plainte des consommateurs ou de la profession », est-il indiqué dans les pages référant au Code. Pas de plainte, pas d'examen ! Et quand il y a grief, cela entraîne rarement des suites. En 2007, le Conseil a reçu 1 445 plaintes ; seulement 56 publicités ont été jugées comme contrevenant au Code, soit moins de 4 %. Les publicitaires québécois portent un jugement plutôt accommodant sur leurs propres excès. La Advertising Standards Authority britannique considère l'éthique plus sérieusement : elle publie sur son site Web ses décisions commentées — plus d'une dizaine chaque semaine ! Ça, c'est du sérieux.

Dans un libre marché, le rabattage de clients par une publicité racoleuse restera toujours largement utilisé. Les gens d'affaires et les publicitaires répéteront toujours qu'ils sont soumis à la loi du marché et qu'ils se conforment aux lois qui sont, selon eux, déjà nombreuses. Mais, la loi ne vient généralement qu'après de multiples dérapages ; elle ne précède pas l'éthique. Quand on veut adopter un comportement éthique, respecter la loi n'est donc pas suffisant. Les publicitaires doivent se rappeler que leurs actions produisent également des effets sociaux qui sont parfois négatifs. Joseph Facal (2008 : 181), essayiste et professeur de management à l'École des Hautes études commerciales de Montréal, écrit : « C'est l'une des grandes illusions de la modernité occidentale que de penser que l'on peut bâtir du solide en n'ayant que le

> *Les consommateurs peuvent facilement être trompés par des soldes.*
>
> Konrad von Finckenstein

marché et le droit comme éléments régulateurs du domaine social. » Je pense également que le droit ne suffit pas à civiliser une pratique qui serait sauvage; l'éthique fait normalement partie des valeurs et des conventions d'une société policée.

En réalité, les publicitaires savent très bien que leurs publicités produisent des effets sociaux parfois indésirables, mais ils veulent garder leurs coudées franches. En Europe, ils ont fondé la European Association of Communication Agencies (EACA). Parmi quatre priorités, la EACA (2008) se propose de travailler à « expliquer le rôle de la publicité pour la rendre acceptable sur le plan social et mieux admise sur le plan politique ». Les politiques comprennent déjà bien son rôle; ce que cette association vise probablement, c'est de résister aux interventions réglementaires.

Il ne semble pas y avoir d'efforts suivis pour s'assurer que les publicitaires se conforment au Code.

Iain Ramsay

Mais d'autres organismes multipartites travaillent à faire jouer un nouveau rôle à la publicité. Le colloque Publicité & Communication responsable, tenu à Paris en 2004, rassemblait des grands annonceurs, mais aussi des associations de publicitaires, des représentants du Programme des Nations Unies pour l'environnement, de l'Advertising Community Together (ACT-Responsible) et un administrateur de l'EACA, Mike Longhurst (2008), qui admettait: « Il fallait être sur une autre planète ces dernières années pour ne pas remarquer la montée des mouvements anti-mondialisation et anti-publicitaire. Mais la question pour la plupart d'entre nous a été de déterminer si ces mouvements étaient le fait de groupuscules d'illuminés ou révélaient un changement de valeurs chez les consommateurs. La réponse est clairement que les entreprises, les marques et leur plus visible manifestation, la publicité, font face à un nouveau paradigme, selon lequel on leur demande d'assumer bon nombre des responsabilités qui incombaient naguère aux gouvernements, concernant la bonne santé de notre planète. » Voilà un virage qui vient à point. C'est ainsi qu'un organisme comme ACT-Responsible (2008) a vu le jour en Europe, qui vise à intéresser les publicitaires au « développement durable et équitable et à leur responsabilité sociale ».

La moralité de la publicité

Les dérapages occasionnels ne constituent pas un motif suffisant pour qu'un publicitaire intelligent s'auto-flagelle. Ainsi que chacun a tendance à le faire, les publicitaires se considèrent plutôt comme des personnes raisonnables et qui affichent une conduite conséquente, voire socialement irréprochable. Ils oublient cependant qu'ils font partie du monde des fonceurs, des bagarreurs, de ceux qui ouvrent les chemins; ils ne sont pas assimilés à l'univers des méditatifs, des gentils et des prudents. Si la question éthique tinte dans leur tête, ce sera plutôt en sourdine. C'est pourquoi le professeur Edward Spence (2005 : 113), qui enseigne l'éthique professionnelle à la School of Communication de la Sturt University, pense que les gouvernements doivent intervenir quand la profession tergiverse comme c'est leur habitude pour les questions d'éthique. Il écrit : « Si les publicitaires ignorent l'éthique au point de miner leur professionnalisme, [...] alors il revient au gouvernement de forcer cette industrie. » Mais combien de politiciens voudraient se mettre à dos les entreprises, elles qui financent les partis politiques ? Ou mettre au pas les publicitaires, eux qui concoctent leurs campagnes de propagande ? Très peu.

Surtout dans un climat généralisé de déréglementation enclenché par la mondialisation en lien avec la mobilité des capitaux et la délocalisation éventuelle des emplois. Les gens d'affaires trouvent déjà que l'intervention étatique est trop contraignante et ils luttent pour faire disparaître le moindre encadrement. Ils veulent bien consentir à ce que l'État protège les consommateurs, disent-ils, à condition qu'il n'intervienne pas dans le libre marché. L'essayiste économique Guy Sorman (2008) cerne la problématique en ces mots : « Comment tracer une ligne entre la protection du consommateur par l'État et le risque de paternalisme autoritaire ? » Vouloir protéger les citoyens les plus naïfs contre les astuces de publicitaires chevronnés serait sans doute considéré par lui comme du paternalisme d'État.

Si on peut questionner l'intérêt des organisations professionnelles pour l'éthique, on peut également questionner la nature éthique de la publicité elle-même. Peut-être est-ce par sa nature même que la publicité est éthiquement suspecte : une technique qui a pour but de persuader en recourant à des demi vérités, en jouant sur les effets rhétoriques, en se livrant à la manipulation, peut-elle être éthique ? Le docteur en philosophie Gilles Gauthier (1992 : 16), professeur de communication à l'Université Laval de Québec, le rappelait en ces termes : « La plus vieille interrogation morale au sujet de la communication, déjà formulée par les Grecs, est de savoir si un discours persuasif n'est pas intrinsèquement immoral et, sinon, suivant quels critères il peut faire l'objet d'une estimation éthique favorable. Les pratiques de communication publique continuent aujourd'hui d'être abordées en fonction de cette façon de poser le problème. […] Une fois levée éventuellement cette hypothèque, se présente la seconde difficulté de déterminer les conditions d'une pratique morale de la communication, plus spécifiquement de la publicité et des relations publiques. »

> *C'est l'une des grandes illusions de la modernité occidentale que de penser que l'on peut bâtir du solide en n'ayant que le marché et le droit comme éléments régulateurs du domaine social.*
>
> Joseph Facal

Cette question de la moralité de la persuasion était en effet déjà posée par les philosophes de l'Antiquité. Émile Bréhier

(1928 : 75), historien de la philosophie, la résume dans une réflexion sur Gorgias, le professeur de persuasion évoqué par Platon (427-348) : « Gorgias, ne voyant que le côté technique de l'apprentissage de l'orateur, est incapable de donner à son art une fin morale quelconque : un [jeune] Pôlos n'utilisera pas la rhétorique à mauvaise fin, mais c'est uniquement parce qu'il est timide et respectueux des préjugés. Vienne au contraire un violent comme Calliclès et il trouvera dans l'école de Gorgias non pas un frein, mais au contraire un instrument pour exercer sa violence. » C'est que Calliclès avait retenu l'enseignement de Gorgias que tous les moyens sont bons pour arriver à ses fins. Sauf dans le cas de la publicité sociale, le but de la publicité est d'inciter à consommer — des produits, des services, des idées ; il est évident qu'un publicitaire s'efforcera toujours de titiller les bonnes cordes sensibles pour arriver à ses fins.

La publicité fait face à un nouveau paradigme selon lequel on lui demande d'assumer bon nombre des responsabilités qui incombaient naguère aux gouvernements.

Mike Longhurst

C'est pourquoi certains vont aussi loin que nier à la publicité elle même *la possibilité* d'être éthique. C'est ce que font Cooper et Kelleher (2001 : 177), le premier est professeur en Visual & Media Arts au Emerson College de Boston et éditeur du magazine *Media Ethics*, quand ils prétendent qu'un produit de qualité n'a pas besoin de publicité et que « le domaine entier de la persuasion — les relations publiques, la publicité et le marketing — sont, au mieux inutiles et au pire, non-éthiques. » Wow ! C'est ici la position soit d'idéalistes impénitents, soit d'incompétents en matière de commerce. L'éthicien Jean Moussé (1989), qui enseigne au Centre d'éthique contemporaine de Lille, juge la chose avec plus de modération : « La question se pose plutôt dans *la manière* [italiques de l'auteur] de faire la publicité en faveur de produits dont la fabrication et la vente sont par ailleurs justifiables, écrit-il. Dans quelle mesure cette publicité est-elle, ou non, respectueuse des clients que l'on cherche à séduire ? » Voilà où se trouve le nœud. Un publicitaire qui voudra exercer son métier de manière éthique, ne sera pas mû par la seule efficacité persuasive ; il prendra également en considération les effets collatéraux de son travail au plan social.

Un droit de parole dénaturé

Les publicitaires revendiquent évidemment le droit de diffuser toute forme de publicité, une prérogative qui leur est garantie, disent-ils, par la Charte canadienne des droits et libertés (1982). L'article 2 mentionne en effet ces libertés fondamentales : « b) liberté de pensée, de croyance, d'opinion et d'expression, y compris la liberté de la presse et *des autres moyens de communication.* [italiques de l'auteur] » Bien sûr, j'admet que les gens du commerce et de l'industrie ont, comme les autres citoyens, droit à la liberté de parole et d'opinion. Et chacun a le droit de se former son opinion sur ce qui est moral et ce qui ne l'est pas. Une question demeure tout de même : cette liberté d'opinion qui existe en démocratie, a-t-elle été obtenue par et pour le citoyen, pour l'individu, la personne ? Ou s'applique-t-elle également aux groupes, aux personnes morales, aux entreprises, aux États ?

Les organisations ont sans doute le droit de communiquer avec leurs membres, mais ce droit s'étend-il à celui d'intervenir sur la place publique pour défendre une idée qui a de graves implications sociales ? Une multinationale qui dispose de budgets infinis pour faire valoir son point de vue peut-elle invoquer le droit de parole pour se justifier de diffuser de la publicité, voire de la publicité qui défend des positions sociales, cette publicité que l'on appelle « de plaidoyer » (*advocacy advertising*) ? Je crois que ce serait en dénaturer le sens : la liberté de parole est un droit qui a été accordé aux individus et non aux organisations. On se retrouve ici avec le même problème qui s'est posé relativement au financement démocratique des partis politiques : permettre aux entreprises de contribuer financièrement à des partis et pour des montants infinis remet en question l'équilibre démocratique, voire le principe démocratique. Ceux qui ont l'argent réussiront généralement à faire valoir leur point de vue plus efficacement que ceux qui n'en ont pas. Alors qu'il doit être individuel, le droit de vote serait ainsi biaisé. C'est pourquoi l'Assemblée nationale du Québec a encadré et limité la contribution des organisations.

Si les publicitaires ignorent l'éthique au point de miner leur professionnalisme, […] alors il revient au gouvernement de forcer cette industrie.

Edward Spence

L'espace public est un espace commun et c'est pourquoi quand l'État en balise l'accès, c'est sous certaines conditions. Or, la publicité, elle aussi, utilise l'espace public. C'est normal que la société lui concède le droit d'y accéder, mais ce serait également acceptable qu'elle le fasse en imposant un minimum de conditions assurant également le respect des droits collectifs.

UN ART APPLIQUÉ

Par ailleurs, acculés à se défendre, les créatifs des agences avancent souvent l'argument qu'ils jouissent d'un droit de créer librement, qu'on ne peut imposer de limites à l'art. Globalement, c'est recevable. Maints artistes célèbres ont travaillé pour la publicité ; citons les peintres Toulouse-Lautrec ou Antoine Dumas, les romanciers Georges Simenon ou François Barcelo, les musiciens Michel Legrand ou François Cousineau, les cinéastes Ridley Scott ou Jean-Claude Lauzon. Nouvelle question : quand ils travaillent pour la publicité, les artistes jouissent-ils des mêmes droits que lorsqu'ils créent pour eux-mêmes ? Probablement pas. Quand ils travaillent sous commande, ils deviennent des *artisans*, exercent un art appliqué et ne bénéficient donc pas de la même liberté. Le droit lui-même fait cette distinction. Ainsi, à l'article 13.2 de la Loi du droit d'auteur C-42 (1985), il est précisé: « Lorsque [...] la production originale a été commandée par une tierce personne et confectionnée contre rémunération et [que] la rémunération a été payée en vertu de cette commande, *celui qui a donné la commande* [italiques de l'auteur] est, à moins de stipulation contraire, le premier titulaire du droit d'auteur. » Bref, quand, en arts visuels, un artiste crée une oeuvre, il détient les droits sur cette oeuvre, sauf s'il l'a réalisée sous commande.

Par ailleurs, une oeuvre créée sous contrainte politique, financière ou autre est-elle encore une œuvre d'art? On regarde aujourd'hui avec un œil amusé les œuvres créées sous le régime totalitaire de l'URSS dans l'esprit du culte du prolétariat: l'artiste de la Russie soviétique, prisonnier des diktats étatiques, était-il encore un artiste? Non, c'était un propagandiste du régime. Quand Michel-Ange est engagé par le Pape Jules II della Rovere, c'est pour exprimer son art et non pour exécuter des commandes ponctuelles. À l'opposé, les rédacteurs ou les cinéastes publicitaires sont engagés comme propagandistes et non pour leur art (qu'ils expriment ailleurs, dans des œuvres personnelles). À la solde du commerce et de la finance, ils ne peuvent prétendre, pour justifier leurs créations outrancières aux yeux de la société, à la même licence, à la même liberté d'expression que l'on concède à l'artiste.

La plus vieille interrogation morale au sujet de la communication est de savoir si un discours persuasif n'est pas intrinsèquement immoral.

Gilles Gauthier

Par ailleurs, la diffusion étant réglée par des stratégies commercialo-financières, cet art commandité acquiert *de facto* un poids social incommensurable. Une raison de plus qui justifie d'imposer des limites plus strictes à la liberté des créatifs de la publicité.

La pression économique

Dans les sociétés contemporaines, justice et compassion ne sont pas les valeurs les plus prisées. Surtout qu'elles ne vont pas de pair avec l'individualisme, le libéralisme et la cupidité, des valeurs davantage vénérées. Il semble bien que l'étalon qui soit le plus apprécié pour juger de la moralité des comportements sociaux soit le dollar ; l'argent est une des rares valeurs qu'une majorité de citoyens cotent hautement. Reine du porno ? Un métier pour faire du fric. Magouilleur qui réussit à tromper le fisc ? Habile affairiste. Si vous réussissez à vous enrichir, c'est que vous avez su agir efficacement et donc, dans cette société obsédée par l'efficience, de manière acceptable. Les essayistes Larouche et Legault l'admettent explicitement (2003 :12) : « La seule norme transcendant la constitution de la société est la soumission des rapports sociaux aux logiques instrumentales et pragmatiques de la régulation économique. »

Le numéraire est non seulement l'étalon sur lequel les citoyens s'accordent dans les situations d'échange commercial, mais aussi une valeur qui intervient de plus en plus largement dans les négociations sociales, dans les communautés de base ou même dans la vie conjugale. Ainsi, les jeunes couples constituent rarement des communautés de biens comme c'était le cas traditionnellement ; chacun évalue désormais ce qu'il investit dans l'affaire. De même, dans un syndicat d'enseignants ou de copropriétaires d'immeuble, chacun veut comptabiliser mesquinement ce qu'il apporte au groupe — dollars, temps ou objets — tout en réclamant de manière pressante le maximum d'avantages de la vie en commun. Même la jeune mère accepte de payer son enfant pour sa participation aux tâches familiales.

L'essayiste Jean-Claude Guillebaud (1995 : 41) s'en désole : « Si la prééminence du marché constitue la religion bien tempérée de la démocratie libérale, le triomphe de l'argent en est, à coup sûr, son dévoiement. [...] C'est bien *l'imperium* de l'argent sur la culture, la tyrannie de la finance sur l'économie, la corruption minant le politique qui paraissent configurer dorénavant la modernité occidentale et lui donnent, au-dehors, si mauvaise haleine. » Évidemment, le même esprit règne dans le monde de la publicité où le rendement sur l'investissement rejette dans le brouillard les critères sociaux quand vient le moment d'évaluer la moralité d'une stratégie.

Les néo-libéraux sont convaincus que les humains prennent toujours la meilleure décision du point de vue de leur bien-être. Selon eux et contrairement à ce que l'on pourrait penser, les valeurs morales interviendraient peu dans les choix individuels qui se décideraient toujours sur des critères économiques. C'est ce que le socio-économiste et prix Nobel Gary Becker (1978) de University of Chicago a voulu démontrer. Selon cette théorie et les applications qu'il en a étudiées dans les comportements quotidiens, les humains agissent toujours selon un principe de rendement économique : sous des apparences éthiques, a-t-il démontré, tout le monde calcule le maximum de rendement pour l'énergie et le temps investis. Si les parents sont si généreux avec leurs enfants, c'est qu'ils espéreraient obtenir plus tard un retour sur leurs *investissements*.

Pourtant, d'autres psycho-économistes ont établi que la rationalité n'est pas toujours au rendez-vous. Ainsi, des économistes de l'université Harvard (Laibson *et al.*, 2000) ont montré que, même dans le domaine économique, le jugement sur le rendement est fortement biaisé par l'accès à des avantages immédiats où intervient la loi du moindre effort. Or, c'est justement le propre de la publicité de présenter les offres de manière alléchante. Les consommateurs procéderont à une bonne partie de leurs achats sur des critères pseudo-rationnels. C'est pourquoi se pose aux publicitaires la question de leur responsabilité éthique, particulièrement quand ils s'adressent aux plus faibles de la société.

UNE ENTREPRISE, ÇA N'A PAS DE MORALE

La stratégie publicitaire post-moderne (disruption et autres) consiste justement à lancer des offres qui jouent la plupart du temps sur l'irrationnel… ou sur le pseudo-rationnel. Si c'est le cas, qu'est-ce qui pourrait bien limiter les excès de la publicité ? Le manque d'imagination des concepteurs peut-être ? Sinon, le travail d'un publicitaire, c'est de publiciser. On connaît la Loi de Gabor qui dit : « Tout ce qu'il est possible de faire sera éventuellement fait. » Quand une équipe de spécialistes intervient — équipe de gynécologues, d'atomistes, d'investisseurs ou de publicitaires —, elle sera portée à repousser au plus loin les limites de la discipline. Les gynécologues feront éventuellement de la gynécologie extrême. Il semble que cette loi s'applique également à la communication. Ainsi, l'équipe d'une agence voudra réaliser les campagnes les plus séduisantes et les plus efficaces, bref, les plus astucieusement persuasives, et les barrières morales ne seront présentes que de manière floue.

> *La seule norme transcendant la constitution de la société est la soumission des rapports sociaux aux logiques de la régulation économique.*
>
> Larouche et Legault

Pour le marketeur, l'éthique est une donnée accessoire. Si on consulte les manuels destinés à l'enseignement du marketing les plus importants en français, peu y font une place centrale. Le *Publicitor* de Brochand et Lendrevie est sans doute le plus connu de ces manuels ; on y cite (2004 : 553) quelques codes de déontologie sans faire de commentaire. Le *Pentagram* de Décaudin et

Malaval (2005 : 521) y consacre quatre pages plus une section sur le développement durable « pour concilier idéalisme et réalisme économique ». Dans leur *Communication marketing*, les professeurs québécois Ballofet et Coderre (2005 : 585) y consacrent une quinzaine de pages dans lesquelles ils examinent plusieurs reproches adressés à la publicité : « Le non-respect des normes éthiques et le manque de jugement, rappellent-ils, peuvent avoir des conséquences très dommageables pour une entreprise et nuire considérablement à son image. » Or, une telle approche utilitariste, ne porte plus le caractère de l'éthique.

Ces ouvrages sont destinés prioritairement aux gens d'action qui sont facilement portés, dans la pratique, à refiler leur responsabilité éthique à l'agence comme employeur ou à l'annonceur. Est-ce malin ? Le philosophe Comte-Sponville (2004 : 122) tranche la question de façon brutale : « C'est parce que cette responsabilité ne peut être que personnelle, qu'individuelle, que je ne vois pas très bien quel sens il y a à parler, comme on le fait presque toujours, surtout dans le monde patronal, d'éthique d'entreprise ou de morale d'entreprise. Je dirais plutôt, à l'inverse, qu'une entreprise, ça n'a pas de morale : ça n'a qu'une comptabilité et des clients. » L'agence n'a qu'une comptabilité, mais le publicitaire, lui, a une responsabilité morale.

Diffuser, ce n'est pas communiquer

Revenons à la nature du métier. Sur le plan technique, les publicitaires sont davantage des manipulateurs que des communicateurs. Communiquer, c'est échanger des points de vue ; pour qu'il y ait communication, il doit y avoir réciprocité entre les interlocuteurs, les messages doivent voyager dans les deux sens. Ce n'est pas le cas en publicité qui fonctionne toujours à sens unique : les publicitaires propagent leurs messages sans attendre de réponse. On me dira que les technologies de l'information permettent le dialogue, que les entreprises cherchent de plus en plus à établir une communication bidirectionnelle grâce aux *tchats* et autres forums qui permettent à l'internaute de s'exprimer. Cela, pour mieux connaître le consommateur et ses goûts, et pouvoir mieux y répondre. Mais n'est-ce pas également pour pouvoir contrer les positions antagonistes qui y seront exprimées, mieux contourner les résistances ?

Les publicitaires ne font donc pas de la communication mais de la diffusion ; ils arrosent leurs cibles de leurs messages et tentent de les persuader de toutes les manières. Pour eux, un auditoire est constitué de cerveaux à occuper, à « laver plus blanc que blanc ». C'est ce que rappelait maladroitement le pdg de la chaîne de télé française TF1, Patrick LeLay (2004) : « Nos émissions ont pour vocation de rendre [le téléspectateur] disponible : c'est-à-dire de le divertir, de le détendre pour le préparer entre deux messages. Ce que nous vendons à Coca-Cola, c'est du temps de cerveau humain disponible. » S'insinuer dans le cerveau humain… Dans cette optique, la publicité peut-elle être morale ?

Le publicitaire est centré sur ses fins — susciter un intérêt pour un produit, un service, une idée — et ses règles morales sont celles d'un pragmatiste. Le philosophe Habermas (1986 : 65) affirme que les pragmatistes sont « au plan moral, des sceptiques », ce qui nous rappelle le modèle « forsythien » évoqué précédemment. Le philosophe explique que la voie du discernement en matière d'éthique est celle de la communication, du dialogue. Comme dit le proverbe, du choc des idées jaillit la lumière. C'est la façon normale de fonctionner dans les sociétés démocratiques, n'est-ce pas ? Ça n'a pas toujours été comme ça. Ainsi, la morale royale-déiste confirmait une éthique de la force : la vérité était imposée d'en haut. La morale démocratique me semble plus humaine parce qu'elle vise une éthique consensuelle, une morale de l'échange d'égal à égal.

Dans cette optique, un publicitaire ne peut plus traiter le destinataire comme un objet, une cible à manipuler ; il doit le considérer comme une personne qui est son égal, à laquelle il est attentif, sensible, qu'il regarde non pas comme une cible de communication, une proie, mais comme un autre semblable à lui-même, ayant droit aux mêmes attentions, aux mêmes égards.

Le non-respect des normes éthiques peut avoir des conséquences dommageables pour une entreprise.

Ballofet et Coderre

Bref, pour respecter l'autre, le connaître, il faut discuter, argumenter ; c'est la façon la plus féconde pour arriver à distinguer ce qui est bien de ce qui est mal dans mon rapport avec l'autre. La recherche de la vérité, du bien, est intimement liée au domaine de la communication et à ce titre, les publicitaires — ils se disent des communicateurs — devraient davantage être ouverts à la discussion avec les représentants de la société civile, associations de consommateurs, organismes de contrôle, représentants démocratiques et autres. Ce qui n'est actuellement pas le cas.

Ce n'est pas le cas parce que les publicitaires ne sont pas des gens de communication dans le sens défini plus haut ; ce sont des persuadeurs et ils restent convaincus que répondre aux demandes (des associations de consommateurs, par exemple) ne peut qu'altérer la nature de la publicité. C'est bien là une peur du persuadeur. Duhamel et Mouelhi (2001 : 191) expliquent : « Si l'on accorde moins d'importance aux moyens rationnels qu'à l'obtention d'un résultat à tout prix, on veut *persuader* autrui et non pas tenter de le convaincre. Dès lors, [...] la liberté et la réciprocité du dialogue rationnel sont remplacées par la manipulation. » N'est-ce pas ici la description de la stratégie la plus répandue des publicitaires ? C'est là l'essence même de la publicité ; c'est pourquoi je dis que les publicitaires cherchent davantage à manipuler qu'à communiquer.

Dans les faits, la relation consommateur/marketeur s'apparente davantage à une transaction qu'à une relation. Souvent même, cela ressemble au jeu du chat et de la souris : à mesure que le consommateur comprend comment fonctionne une stratégie manipulatrice et commence à y trouver une échappatoire, le marketeur en invente une nouvelle. Cependant, plus la société est éduquée, plus il est difficile d'embobiner le client. « Il faut [alors] utiliser des méthodes dont la caractéristique va être de contourner cette éducation, de faire régresser l'individu vers un état où il sera plus malléable à l'influence », explique l'anthropologue Philippe Breton (1997 : 80). Dit autrement : il s'agit pour le publicitaire de trouver l'astuce qui permettra de déjouer la vigilance et le jugement du consommateur, d'ordinaire en jouant sur d'autres aspects que la rationalité. C'est seulement à cette condition que la publicité a des chances de persuader à coup sûr.

DES NŒUDS ÉTHIQUES

C'est également pour cette raison que des citoyens sont choqués de constater la nature louvoyante de l'approche publicitaire. Une multitude de reproches sont mentionnés qui vont du plus trivial au plus grave. J'en signale quelques uns en vrac dans les médias. La publicité présenterait trop souvent des situations offensantes : froissant des personnes faibles et sans défense, présentant des groupes marginaux de manière ridicule (obèses, curés, nouveaux mariés), exposant les enfants à des sollicitations tordues. Elle investirait, exagérément et sans en défrayer les coûts réels, l'espace social : envahissant les lieux publics, faisant intrusion dans la vie privée, gaspillant les ressources communes (arbres,

> *Une entreprise, ça n'a pas de morale : ça n'a qu'une comptabilité et des clients.*
>
> Comte-Sponville

électricité). Elle influencerait les moeurs communes : montant en épingle des valeurs comme la richesse ou la gloire, exacerbant l'hédonisme, glorifiant les excès (vitesse, consommation), multipliant les images sensationnalistes et les situations exceptionnelles. Elle évoquerait la sexualité de manière indue : présentant hors propos la nudité suggestive, voire des actes sexuels frôlant la pornographie. Elle adorerait la provocation : mettant en scène des comportements socialement incorrects (désordre urbain, effronterie), présentant des habillements outrageusement marginaux, chérissant les gestes vulgaires, voire blasphématoires.

Je m'essouffle, mais je mentionnerais encore quelques autres reproches. Elle mousserait l'ostentatoire de manière systématique : vêtements luxueux, excès de table, vie des riches et puissants. Elle recourrait de manière régulière à des trucages non-éthiques : la retouche d'images, les effets spéciaux, le plagiat d'oeuvres d'art. Elle présenterait trop régulièrement des exceptions comme la norme : louangeant des *top models* faméliques, présentant des produits qui n'ont pas leur pareil dans la vie réelle (des jouets magiques, des illustrations de plats parfaits). Elle cautionnerait des interventions discutables : fabriquant l'image de politiciens, contournant la loi sur la vente de médicaments sous ordonnance, plaçant en catimini des produits de marque dans les scénarios de télé ou de cinéma (voire dans les grands shows populaires), faisant intervenir de faux quidams sur les sites Internet.

> *Ce que nous vendons à Coca-Cola, c'est du temps de cerveau humain disponible.*
>
> Patrick LeLay

Cela fait beaucoup de points reprochés à une seule discipline. Est-ce que cette litanie ne consiste pas, finalement, à nier à la publicité sa raison d'être ? Sans doute y a-t-il là matière à débat. C'est pourquoi les publicitaires eux-mêmes doivent se pencher sérieusement sur les fondements éthiques de leurs actions. Sinon, ce seront les gens de l'extérieur, les profanes, qui le feront et la profession pourrait s'en trouver hypothéquée.

Certains de ces reproches ne sont pas justifiés, d'autre le sont à l'évidence. Prenons l'exemple des grandes pharmaceutiques qui font auprès du public de plus en plus de publicité pour leurs médicaments sous ordonnance alors que la loi l'interdit, prétendant faire ainsi « de l'information ». Par ailleurs, sous le couvert de la protection du public, ces entreprises ont adopté un code d'autoréglementation qui exige que la publicité des médicaments d'ordonnance soit « exacte, équilibrée et étayée par des données probantes. » (Code d'agrément de la publicité, 2008 : 2) Or, tout au long de ce Code, on utilise indifféremment les mots information et publicité. La professeure Manon Niquette (2007 : 63), du département de communication à l'Université Laval, estime que c'est là confondre les genres : « En subsumant l'activité promotionnelle sous l'appellation de "communication directe avec le public", l'industrie contribue à accroître la confusion des genres entre l'information et la publicité. » L'auteure ajoute : « [Les publicitaires] ont déployé des trésors d'ingéniosité pour contourner la réglementation et travestir les discours publicitaires de leurs clients. »

Il faut utiliser des méthodes pour faire régresser l'individu vers un état où il sera plus malléable à l'influence.

Philippe Breton

Par ailleurs, cette industrie entretient un puissant lobby qui vise à convaincre les élus de desserrer les lois et règlements que la société a mis des décennies à échafauder. En 1997, les États-Unis ont relâché la réglementation relative aux médicaments d'ordonnance. Les professeurs de communication et de sociologie Coleman, Hartley et Kennamer (2006 : 547) ont étudié les effets de cette décision : « La publicité a grandi de manière exponentielle avec une explosion d'annonces télévisuelles incitant les consommateurs à essayer de nouveaux médicaments. » En réalité, aux

États-Unis, on pouvait annoncer les médicaments depuis 1985, mais les entreprises avaient renoncé à le faire directement parce que la loi exigeait de mentionner « les risques majeurs » que leur usage comportait. Désormais, les pharmaceutiques se sentent plus libres de viser directement le consommateur, même au risque d'affecter la santé publique. La publicité y gagne, mais la société ? Il y a là un véritable nœud éthique qui devrait frapper les publicitaires comme individus aussi bien que les agences comme organisations responsables. Des nœuds semblables, il en existe bien d'autres.

Trois chapeaux pour une seule tête

Mais les publicitaires sont-ils véritablement concernés par le sens de l'éthique ? Comme le fait remarquer l'éthicien Patrick Murphy (1998 : 317), « créer des publicités qui démontrent un haut sens de l'éthique n'est sans doute pas un souci [des gens de métier] ». Je dirais même que, dans le feu de l'action, les publicitaires n'ont aucunement en tête les implications éthiques de leur campagne en cours de gestation. S'ils ont une inquiétude qui effleure l'éthique d'une certaine manière, c'est celle d'aller aussi loin que possible sans dépasser les limites de l'acceptable pour les destinataires. Ils jaugent avec prudence les éventuelles retombées qui pourraient être nuisibles à leurs clients-annonceurs, mais ils n'évaluent pas pour autant les possibles préjudices sociaux que pourraient causer leurs campagnes.

Les publicitaires sont bien sûr des professionnels — dans le sens commun du terme : spécialiste — , mais ils ne sont pas seulement des professionnels. S'ils sont si étrangers à l'éthique, c'est peut-être qu'ils portent concurremment trois chapeaux : 1. ils prodiguent, contre des honoraires, des conseils sur les matières de leur compétence ; ils agissent alors à titre de professionnels, mais… 2. ils achètent des espaces média au nom de leurs clients, activité pour laquelle ils sont rémunérés le plus souvent à commission ; ils agissent ainsi à titre de courtiers ; de plus… 3. ils ajoutent des marges de profit à des articles (imprimés, articles promotionnels et autres) qu'ils font fabriquer sur commande et qu'ils revendent ainsi avec des bénéfices à leurs clients-annonceurs ; pour cette raison, on peut les considérer comme des fabricants et/ou des commerçants.

Les publicitaires portent donc, selon le lieu et l'heure, l'un ou l'autre de leurs trois chapeaux. Or, que pensons-nous du pharmacien qui gagne sa vie à vendre n'importe quel bric-à-brac plutôt que de se consacrer à la consultation pharmaceutique ? Quelle opinion aurions-nous de l'architecte qui servirait d'entremetteur pour l'achat des matériaux nécessaires à la construction de l'édifice dont il a dessiné les plans ?

L'industrie contribue à accroître la confusion des genres entre l'information et la publicité.

Manon Niquette

Les autres professionnels ne consentiront à considérer les publicitaires comme leurs égaux seulement si ceux-ci acceptent d'abandonner leurs rôles de courtier et de commerçant. D'ailleurs, le Code des professions (2008) précise, à l'article 25, deux conditions légales qui jettent quelque éclairage sur la nature d'un professionnel : d'abord, un professionnel exerce sa spécialité de manière autonome, et ensuite, le lien qui existe entre un professionnel et son client doit être contracté sur un mode personnel. Or, si on examine le métier de publicitaire sous la loupe, on constatera qu'il n'est pas certain qu'un publicitaire soit un professionnel aux yeux de la loi : d'abord, une campagne de publicité est davantage le produit d'une équipe que d'une personne et ensuite, l'entente entre un client et son agence est un contrat passé entre entreprises et non entre personnes. D'autres professionnels se retrouvent aujourd'hui dans une situation similaire (ingénieurs, architectes) ; il faudrait voir comment ils ont dénoué ce nœud.

Une éthique pour la galerie ?

Le plus jeune organisme fédératif du domaine de la communication est le Conseil de l'industrie des communications du Québec (CICQ) qui rassemble relationnistes et publicitaires. Dans son énoncé de mission, on peut lire : « Promouvoir l'industrie des communications du Québec et en assurer le rayonnement, la crédibilité et la reconnaissance en tant qu'acteur important de la vie socio-économique du Québec. » Est-ce que la question de l'éthique semble tarauder l'organisme ? Il y est fait vaguement allusion avec le mot « crédibilité », c'est tout.

En tout cas, pour ce qui est de leur réputation comme spécialistes, peu de gens jugent les publicitaires comme des professionnels loyaux, peu de gens croient qu'ils se soumettent à une éthique rigoureuse. Enquête après enquête sur la moralité des professionnels, les publicitaires se retrouvent dans le peloton de queue avec les politiciens et autres bonimenteurs. Les publicitaires sont déçus d'être ainsi déconsidérés par la population. Pourquoi cet implacable jugement porté sur eux ? C'est en partie dû au fait que, jusqu'à maintenant, ils ont davantage agi en vue de défendre leurs privilèges plutôt que de défendre les intérêts du public.

Henry Ford (1921 : 181) disait : « Quand on est professionnel, c'est par fierté que l'on agit honnêtement et non par obligation. Une vraie profession repère d'ailleurs elle-même ses propres violations et les sanctionne. » Les publicitaires ne sont pas encore parvenus à sanctionner leurs confrères pour leurs manquements éthiques ; c'est une raison de plus qui explique pourquoi le métier de publicitaire n'est pas considéré comme une vraie profession. Si les publicitaires veulent jouir de la considération (et des privilèges) des professionnels, ils doivent comprendre qu'il s'y rattache aussi des devoirs. Et le plus grand de ces devoirs, c'est la droiture d'esprit, l'intégrité, l'éthique.

L'idée d'un code d'éthique publicitaire explicite — et qui serait formellement imposé — court dans les milieux de la publicité. Mais l'idée est encore mollement défendue. Sans doute que les professionnels plancheront sur le projet quand la pression sociale se fera davantage sentir. En effet, les gens du milieu ont souvent agi seulement quand ils voyaient poindre à l'horizon la vague de protestations… ou le nez de la loi. François-René de Chateaubriand qui était aussi bien un homme politique qu'un poète connaissait cette attitude. « La morale va au-devant de l'action ; la loi l'attend », disait-il. La profession pourrait également travailler à sensibiliser ses membres à l'éthique sans disposer d'un code comme tel : on se soumet tellement mieux à sa propre morale qu'à celle des autres. Attendre un code d'éthique pour se préoccuper de morale, pour agir éthiquement, c'est risquer, le jour où un tel code sera adopté, de le considérer comme une entrave.

Au Québec, Dion et Lescarbeau (1995) estimaient, il y a plus de dix ans déjà, qu'au moins le tiers des entreprises de plus de cent employés avaient adopté un code d'éthique. Ce qui ne comprend pas beaucoup d'agences : moins d'une dizaine d'agences du Québec emploient plus de 100 employés. Par ailleurs, on peut se demander si l'adoption d'un code d'éthique ne serait pas dû à un effet de mode. Duhamel et Mouelhi (2001 : 230) émettent l'hypothèse que « l'éthique des entreprises serait en partie un travail de rationalisation, une couverture pour rendre légitime, c'est-à-dire faire accepter par le public la recherche de profit à l'ère de la mondialisation ». Effectivement, quand les entreprises adoptent un tel code, elles s'empressent la plupart du temps de le faire savoir au public. Or, quand on répète à tout venant que l'on se soumet à une belle moralité, la réputation peut gagner en virginité avec l'effet que l'on est moins susceptible d'être taxé de profiteur. Indéniable avantage dérivé !

La responsabilité de l'annonceur

La publicité est-elle un sujet sur lequel se penchent les gens d'affaires quand ils s'intéressent à l'éthique ? Murphy (1998) a fait enquête auprès de 785 entreprises tirées du fameux *Forbes 500*. Le but de sa recherche était de savoir si le code d'éthique qu'elles avaient officiellement adopté faisait mention de l'un ou l'autre de 14 sujets identifiés par le chercheur, dont la publicité. Le résultat est décevant : de la liste des comportements moraux abordés dans ces codes, la publicité est le thème que la plus petite proportion d'entreprises a abordé : seulement 25 % des entreprises en ont traité, alors que, par exemple, une proportion de 60 % a prodigué des conseils sur les pratiques de vente et plus de 90 % a commenté la question des cadeaux.

Une vraie profession repère elle-même ses violations et les sanctionne.

Henry Ford

Ailleurs, la professeure Coutinho de Arruda (1999) a tenté de connaître la position des annonceurs (ceux qui engagent les publicitaires) relativement à la moralité des publicités qu'ils *commandent et paient* pourtant. Avec des co-chercheurs, elle a colligé des informations auprès des grands annonceurs de 55 pays. Elle a découvert que ce qui est moral pour un annonceur, c'est tout simplement ce qui est acceptable par le public visé ; en cela, la position éthique des annonceurs est proche de celle des publicitaires. Ce qui est pire, Coutinho a réalisé que les annonceurs ne semblent pas avoir *d'opinion objective* sur ce qui est bien ou ce qui est mal en matière de publicité. La chercheure écrit : « La considération éthique manque pour beaucoup de campagnes, que ce soit de produits, de services ou d'idées, parce que les concepteurs n'ont aucune connaissance conceptuelle de ce qu'est l'éthique. […] Cela peut conduire à de sérieux glissements sur le plan éthique. » Sa recherche met en évidence un point sur lequel les annonceurs s'accordent : les codes de déontologie et l'auto-réglementation fournissent des barèmes suffisants en matière d'éthique, disent-ils. Suffisants ? Mais, comment savoir si l'on n'a « aucune connaissance conceptuelle » de ce qu'est l'éthique ?

Maisonneuve (2004 : 5) a fait la même constatation chez les relationnistes dont la moitié déclarent ne jamais avoir été confrontés à un problème d'éthique, le quart seulement admettant que ça leur arrive « à l'occasion ». Si on n'a aucune notion d'éthique, on ne pourra se rendre compte quand on agira contre.

Les publicitaires à la queue

Le Gallup's Honesty and Ethics Poll est publié annuellement depuis 1976. La société de recherche pose la question suivante : « Qualifiez les normes d'éthique (l'honnêteté) des personnes de ces différents métiers (très hautes, hautes, moyennes, basses ou très basses). » On compile ensuite le pourcentage des répondants qui ont indiqué très haut ou haut. Gallup (2008) est arrivé au même résultat en 2007 que toujours : les publicitaires se trouvent en dernière place avec les vendeurs d'auto ou les politiciens.

Profession	% d'appui citoyen
Infirmiers	83 %
Enseignants	74 %
Gens d'affaires	14 %
Politiciens	9 %
Publicitaires	6 %
Vendeurs d'autos	5 %

Bref, les citoyens ne sont pas stupides. Ils estiment grandement ceux dont le métier est de servir — infirmiers ou enseignants — et ils se rendent bien compte que les vendeurs et autres *communicateurs* exercent un métier de charme.

L'ÉTHIQUE S'APPREND

Certains estiment que l'augmentation du nombre de manipulateurs est due à la disparition de la pratique religieuse. Je ne crois pas que l'éthique soit liée à la religion. Déjà dans la Grèce ancienne, le philosophe Diogène de Sinope (-413 à -327) répétait à tout venant qu'il était à la recherche d'une personne honnête — laissant entendre qu'il s'en trouvait peu. À l'époque, régnait pourtant les dieux de l'Olympe qui formaient foule.

Il y a 400 ans, Michel de Montaigne (1580: 148) se désolait des mœurs malhonnêtes de son entourage, écrivant — je transpose en français contemporain: « Partout existent des gens croches que l'État utilise pour huiler ses affaires. Ils sont couverts car on a besoin d'eux, ce qui cache leur personnalité véreuse. C'est un rôle réservé aux fonceurs et autres battants qui acceptent d'y laisser leur honneur et leur conscience. » À l'époque, la France était pourtant le royaume du Dieu chrétien, « la fille aînée de l'Église ».

> *L'éthique des entreprises serait une couverture pour faire accepter la recherche de profit.*
> Duhamel et Mouelhi

En réalité, chacun se construit son échelle de valeurs à partir de sources diverses: la famille, la société, l'instruction, la lecture, la réflexion, la discussion, ainsi de suite. Jean Baubérot, titulaire de la chaire d'histoire et de sociologie de la laïcité à l'École pratique des hautes-études à Paris, pense la même chose: « Une société est faite de convictions diverses et les religions n'ont pas le monopole des questions morales et de sens» (cité dans Baillargeon, 2008). Religieux ou non, l'être humain normalement constitué est capable de porter un jugement droit sur la conduite à tenir.

J'entendais Albert Leblanc, 84 ans, qui parcourt le monde à vélo depuis 30 ans, réagir à l'interviewer de Radio-Canada qui lui demandait quelle leçon il retenait de tous ces voyages. Il répondit qu'une chose l'avait frappé, c'était que partout dans le monde, il y avait des gens de cœur, « du bon monde». Adepte d'une religion ou pas, une personne harmonieusement développée, si égocentrique soit-elle par instants et à moins qu'elle ne soit délinquante, essaie normalement de se conduire comme un être humain, hospitalier, empathique. La professeure Margaret Somerville (2008), directrice du McGill Center for Medicine, Ethics and Law, renchérit: « Ce n'est pas parce qu'on n'est pas religieux qu'on ne doit pas rechercher le sens moral et éthique de ce qu'on fait; dans le cas contraire, on va finir par exister dans un monde où une personne raisonnable ne voudrait pas vivre. » Il reste qu'il faut être disposé à se pencher sur ce genre de question.

> *La considération éthique manque pour beaucoup de campagnes.*
>
> Coutinho de Arruda

Le Vatican prend position

Le Pape Benoît XVI se plaignait dans une allocution du fait que l'Église catholique était « quotidiennement confrontée à l'esprit de consommation » (*Le Devoir*, 5 mai 2008). L'esprit de consommation, pour reprendre cette expression, est sans doute omniprésent et le rôle des publicitaires y est certainement pour quelque chose. Mais les théologiens, catholiques ou autres, ont jusqu'à maintenant identifié très peu de pistes concrètes qui pourraient éclairer les publicitaires sur la manière de juger une situation faisant problème, d'identifier des voies leur permettant de se comporter plus éthiquement. Ce n'est qu'en 1997 que l'Église catholique a pris position pour la première fois en cette matière. Jusque-là, elle avait adopté des comportements plutôt frileux par rapport à la communication de masse (qu'elle appelle isolément « communication sociale »). Le cardinal Joseph Foley (1997), président du Conseil pontifical pour les Communications sociales, a publié cette année-là un opuscule intitulé *Éthique en publicité.* C'est un document important en ce sens qu'il expose la position d'un groupe religieux de 1,2 milliard de membres à travers le monde.

Toutefois, c'est un document qui semble rédigé par des profanes de la publicité et qui présente parfois des positions ingénues. C'est ce qu'il m'apparaît en lisant des propos aussi candide que celui-ci : « Souvent, [la publicité] fait délibérément appel à des motivations telles que l'envie, l'arrivisme ou la convoitise ». Bien sûr que la publicité sollicite de tels sentiments : allécher en montrant ce que le consommateur ne possède pas et qu'il peut éventuellement acquérir est le pain quotidien des publicitaires. Plus loin, on peut lire : « La pratique d'une publicité de choc centrée sur la "marque" commerciale soulève de sérieux problèmes. Souvent il n'y a que quelques différences négligeables entre des produits de genre similaire vendus par des entreprises commerciales concurrentes. La publicité tente alors de pousser les personnes à se décider sur la base de motivations irrationnelles. » C'est un fait admis aujourd'hui que, dans les sociétés avancées, les produits offerts répondent pratiquement tous à des critères de fonctionnalité optimaux, et c'est pourquoi toute la persuasion tourne autour de ce que l'on appelle, dans le jargon du métier, le *branding.*

La réglementation des contenus et des pratiques publicitaires peut et doit s'étendre au-delà de la simple interdiction d'une publicité mensongère.

Joseph Foley

Dans ce document, on dit souhaiter encore un resserrement de l'encadrement de la pratique publicitaire : « La réglementation des contenus et des pratiques publicitaires, déjà en vigueur dans de nombreux endroits, peut et doit s'étendre au-delà de la simple interdiction d'une publicité mensongère dans sa définition restrictive. » C'est peu demander. Les publicitaires ne mentent pas, ils persuadent. Bien que les recommandations qui sont faites dans ce texte soient extrêmement générales, cela a néanmoins incité les clercs catholiques à considérer d'un œil nouveau la publicité — en particulier en y recourant pour mousser leurs activités missionnaires — et cela a rappelé le devoir de questionnement éthique aux publicitaires qui sont des catholiques convaincus.

> *Ce n'est pas parce qu'on n'est pas religieux qu'on ne doit pas rechercher le sens moral et éthique de ce qu'on fait.*
>
> Margaret Somerville

PISTES

La publicité fait appel à l'hédonisme. Rien ne sert de combattre l'hédonisme ; le plaisir est une sensation nécessaire à la survie même. Mais il faut se rappeler que l'hédonisme ne consiste pas seulement à tirer plaisir de *posséder* des objets, de consommer ce que la publicité fait miroiter comme jouissance de la vie ou même comme expression de soi. L'essayiste Jean-Claude Guillebaud (1995 : 186) écrit : « La musique publicitaire qui invite continûment au plaisir de posséder les choses, n'est qu'une caricature [de l'hédonisme]. Nos appétences nouvelles, au fond, ne se réduisent pas à la pure consommation. Les choix immatériels qui nous appartiennent — bouger, jouir, entendre, voir, apprendre, rompre, changer — sont illimités eux aussi. » J'ajouterais : et font partie de l'univers du plaisir.

N'existent donc pas seulement les jouissances volatiles que la société marchande tente de nous vendre : il est possible d'apprécier un coucher de soleil, un parfum, un mets, une musique, un panorama, sans payer pour accéder à un produit identifié, marqué, tarifé et… publicisé.

À qui la responsabilité ?

Ceux parmi les publicitaires qui sont des croyants convaincus seront sans doute sensibles aux admonestations répétées par leurs chefs religieux. De même, ceux pénétrés d'humanisme seront-ils éveillés à la moralité de leurs comportements. Mais il sera toujours délicat (voire, risqué) d'oeuvrer dans le monde des affaires avec une moralité un tant soit peu rigide. Russ (1994 : 114) voit une contradiction entre les termes « éthique » et « affaires » : « Comment "l'éthique des affaires" n'apparaîtrait-elle pas une étrange et contradictoire expression, écrit-elle, alors que, dans la sphère du business, tous les coups semblent permis, alors que la préoccupation fondamentale d'une firme est, par définition même, sa survie ? »

L'éthicien et avocat Michel Dion (1992), directeur du Centre de documentation en éthique des affaires de l'Université de Sherbrooke, n'est pas du même avis ; il estime que les gens d'affaires présentent même un exemple de comportement éthique : « La situation a changé, écrit-il. [...] Ce sont les gestionnaires d'entreprises qui ont le plus assumé leurs responsabilités en termes de prise de décision éthique. » Cela est vrai dans un sens : maintes entreprises ont adopté, aux cours des récentes années, des codes d'éthique. Mais ces codes sont souvent vagues. Certains observateurs pensent qu'ils ont été adoptés davantage pour charmer les clients que pour assainir les affaires. Ballofett et Coderre (2005) l'ont souligné, les comportements immoraux peuvent « nuire considérablement à l'image [d'une entreprise] ». Or, se préoccuper de son image n'est pas un exemple de comportement éthique.

La musique publicitaire qui invite continûment au plaisir de posséder les choses, n'est qu'une caricature [de l'hédonisme].
Jean-Claude Guillebaud

On se forme sa propre éthique quand on prend ses distances par rapport au groupe dans lequel on évolue, que l'on identifie clairement le but de ses actions, que l'on établit ses propres valeurs, que l'on estime les effets positifs et négatifs de ses actions, que l'on examine ses comportements sous les aspects de justice et de compassion, que l'on consent aux autres la même dignité que l'on se reconnaît à soi-même, bref, que l'on agit en humain intégral. Pour un publicitaire, cela consiste notamment à considérer le consommateur davantage comme un partenaire que comme une cible.

Cela dit, une chose, une organisation peut-elle agir de manière éthique ? Bien sûr que non. Une organisation « est agie » si on peut dire ; elle n'agit pas. Ce sont les personnes qui agissent. C'est pourquoi, le philosophe Comte-Sponville (2004 : 122) estime quant à lui qu'une entreprise n'a pas à avoir de morale et c'est pourquoi il insiste d'autant plus pour que les humains qui y oeuvrent assument personnellement la responsabilité de l'éthique : « C'est précisément parce qu'il n'y a pas de morale *de* l'entreprise, écrit-il, qu'il doit y avoir de la morale *dans* l'entreprise — par la médiation des seuls qui puissent être moraux, par la médiation des individus qui y travaillent, et spécialement (davantage de pouvoir, davantage de responsabilité) qui la dirigent. Et de même pour l'éthique : c'est parce que l'entreprise n'en a pas que les individus qui y travaillent ou la dirigent se doivent d'en avoir une. »

On a vu que les gens d'affaires parlent peu de publicité dans les codes d'éthique des entreprises ; conséquemment, les cadres et les employés s'en préoccupent également peu. Une autre des raisons qui expliquerait que les normes éthiques sont si basses en publicité, c'est probablement le fait que trois entités différentes sont conjointement impliquées dans l'affaire : l'entreprise-annonceur, l'agence-exécutante et les médias-diffuseurs. Sur le plan légal comme sur le plan éthique, chacune veut rejeter sur l'autre la responsabilité d'éventuels comportements non-éthiques. Cela se passe comme à l'armée où l'ordre est transmis du général au simple soldat qui, lui, doit exécuter. L'entreprise, organisation de production économique, dispose d'un organe de commercialisation, le marketing, qui dispose d'un bras public, la publicité.

Dans l'optique où la publicité n'est que le simple soldat de l'économie de marché, les publicitaires peuvent-ils établir des conventions et adopter des règles qui seraient contraires à l'esprit économique ? Impensable ! On peut exprimer des vœux pieux, mais l'éthique sera toujours battue en brèche par l'économie car, là comme toujours, s'y cache également un rapport de forces. Le juriste Jean de Maillard (2008 : 163), spécialiste de la criminalité économique et professeur à l'Institut des sciences politiques de Paris, résume cette difficulté dans une affirmation empreinte de morosité : « J'ai compris qu'une norme pouvait être édictée, mais qu'elle ne servait à rien dès qu'elle était en déphasage avec l'économie. » L'essayiste dit « à rien » dans le sens où les puissantes forces économiques et politiques s'allient souvent contre le droit, empêchant celui-ci de suivre son cours. Le théologien Hans Küng (1991) soutient pratiquement la même opinion dans son livre *Projet d'éthique planétaire* : « Je suis convaincu que si nous ne réussissons pas à gagner également à notre programme éthique des représentants du monde politique, économique et financier, toutes les exigences éthiques des religions et des Églises, quelle que soit leur bonne volonté, tomberont dans le vide. » Clair !

Comment « l'éthique des affaires » n'apparaîtrait-elle pas une étrange et contradictoire expression.

Jacqueline Russ

Il n'existe pas de solution facile face aux véritables problèmes moraux. Quand il y a sérieux questionnement éthique, que les pistes divergent, c'est que la vérité n'est pas facilement discernable. Une voie largement acceptée dans une société fera réagir un groupe particulier ou se rebiffer un individu acculé à adopter cette position, alors qu'une solution mûrement réfléchie par un individu pourra sembler étroite ou laxiste aux yeux d'un groupe social, si bien qu'il peut difficilement exister de règles éthiques communes à tous. Pour un groupe donné, on peut tout au plus convenir de comportements déontologiques.

Pour un individu libre et autonome, la voie éthiquement acceptable sera toujours la sienne propre et, la plupart du temps, ça se transcrira par un passage relativement étroit. Pour arriver à se situer en toute sagesse dans le flou du vrai, il lui appartiendra donc de se connaître lui-même et également de bien connaître (et comprendre ?) la position défendue par les autres. En définitive, chaque individu finira par considérer que sa position est médiane, n'allant ni trop dans un sens, ni trop dans l'autre.

Trois exigences minimales

Murphy (1998 : 318), spécialiste de l'éthique des affaires, a énuméré trois exigences auxquelles les publicitaires devraient se conformer dans l'exercice de leur profession : 1. respecter la vérité, 2. préserver la dignité de la personne humaine, et 3. assumer leur responsabilité sociale.

> *C'est parce que l'entreprise n'a pas d'éthique que les individus qui y travaillent ou la dirigent se doivent d'en avoir une.*
>
> Comte-Sponville

« Respecter la vérité » est une obligation minimale que les publicitaires ne trouveront sans doute pas excessive. Murphy (1998 : 318) propose d'ailleurs d'appliquer le vieil adage romain : *in medio stat virtus* : la vertu se tient éloignée des extrêmes, rappelant Aristote qui disait que le manque de vérité, c'est de la tromperie, mais que l'excès de vérité, c'est tout simplement de la bravade. Les théologiens consultés par le milieu publicitaire avaient eux-mêmes défendu que la vérité est une notion floue, Gibson (1972 : 3) écrivant : « Il serait fou de restreindre la notion de vérité à celle de la vérité littérale. »

La deuxième exigence, « préserver la dignité de la personne humaine », est davantage embarrassante. Les publicitaires ont tendance à exploiter la luxure, la vanité, l'envie ou autres dérapages, et ceux qui exploitent ces faiblesses devraient se questionner. Lui-même professeur dans une université catholique, Murphy admet que, compte tenu de la nature de la publicité, on ne peut tout de même pas demander que les publicitaires soient plus catholiques que le Pape. Il serait trop facile d'exiger des autres une intégrité qu'on n'a pas soi-même.

La troisième exigence, « assumer sa responsabilité sociale », suppose davantage de réflexion éthique de la part des publicitaires. Ceux-ci arriveraient à mieux prendre en compte la collectivité s'ils s'efforçaient de respecter non seulement la lettre, mais également l'esprit des lois et règlements qui les concernent. Leurs tactiques, justifiables parce qu'elles répondent aux meilleures approches du métier, deviennent douteuses quand elles visent à contourner les lois démocratiquement adoptées parce qu'on les considère trop restrictives. Mais, même s'ils s'y soumettaient docilement, ce ne serait pas encore de l'éthique. L'éthique exige de la considération sincère pour « l'autre ». L'éthicien Jean Moussé (1989) ajoute : « La publicité rend publics les rêves d'une société. Elle contribue à l'élaboration de la culture. Ce n'est pas, là non plus, sans responsabilité morale du vendeur, de l'acheteur et des producteurs de publicité. » Jouant un rôle important ne serait-ce que sur le plan de la culture, les publicitaires endossent par là une responsabilité morale inévitable vis-à-vis de l'ensemble de leurs concitoyens.

DÉMONTRER SON IMPLICATION ÉTHIQUE

Les publicitaires qui se comportent en authentiques professionnels soulèvent les vraies questions éthiques que pose la communication publicitaire et ils s'efforcent d'y apporter des réponses. Il ne leur suffit pas d'affirmer qu'ils sont respectueux de l'éthique ; ils posent les gestes qui indiquent qu'ils sont engagés dans la *réflexion* éthique et ils montrent leur engagement de manière concrète.

> *J'ai compris qu'une norme pouvait être édictée, mais qu'elle ne servait à rien dès qu'elle était en déphasage avec l'économie.*
>
> Jean de Maillard

Comment ? Je me permettrai de faire cinq suggestions aux publicitaires qui veulent faire avancer leur métier en matière d'éthique. **1.** mettre au point un code de manière d'être qui couvre par le détail les points sur lesquels ils sont le plus souvent critiqués et diffuser largement ce code comme ils savent le faire (une telle prise de position claire serait pour tous les publicitaires une incitation à une conduite plus éthique) ; **2.** évoquer dans leurs stratégies motivationnelles un éventail plus large de qualités humaines et éviter de solliciter les seuls travers humains ; **3.** dénoncer publiquement les exemples de publicité fallacieuse (la peur d'être critiqué par leurs pairs préviendrait peut-être un certain nombre de publicitaires de concocter des messages trompeurs) ; **4.** avancer l'idée d'inclure dans chaque message publicitaire un minimum d'information objective (des affirmations mesurables donneraient plus de poids à des messages qui autrement sont jugés avec raison de contenants agréables mais vides) ; **5.** enfin, travailler avec les autorités universitaires à mettre sur pied une chaire d'éthique de la publicité de plein droit (par la recherche universitaire, on arriverait à préciser une éthique adaptée à la discipline). Bref, si les publicitaires s'y mettaient, ils pourraient participer à l'élaboration d'une véritable éthique professionnelle.

La publicité incite à la surconsommation, c'est évident, mais elle ne produit pas que des effets néfastes largement relevés par la littérature critique. Dans une économie de marché, elle est sans doute inévitable. Certains estiment même qu'elle produit des effets bénéfiques sur la culture en reprenant des éléments de l'avant-garde de la culture pointue.

Pour Moussé (1989), ce n'est pas la nature mais *la forme* que prennent les messages qui cause problème: « La question se pose plutôt dans la manière de faire la publicité en faveur de produits dont la fabrication et la vente sont par ailleurs justifiables. Dans quelle mesure cette publicité est-elle ou non, respectueuse des clients que l'on cherche à séduire ? Ne risque-t-elle pas de renforcer, chez ceux qu'elle atteint, les attitudes dommageables qu'elle flatte en voulant les solliciter ? » Illustrer des comportements marginaux est sans doute efficace pour attirer l'attention, mais cela propage concurremment dans la communauté des comportements asociaux. Voilà une vraie question éthique et dont il faudrait débattre.

RESPECTER « L'AUTRE »

Adopter un comportement éthique, c'est, pour le publicitaire, réaliser qu'il existe un « autre » au bout de la chaîne de communication, un individu, une personne, et d'en prendre acte. Cet autre a comme lui le droit d'exister, de grandir, de s'épanouir dans toutes ses dimensions humaines et non seulement dans son rôle de consommateur. Pour considérer celui-ci, le publicitaire devrait, minimalement, lui reconnaître les droits de la personne mentionnés dans la Charte des droits et libertés de la personne du Québec (2008). De respecter *l'esprit* de cette charte.

Rappelons quelques articles qu'un publicitaire devrait prioritairement considérer: « Article 4. Toute personne a droit à la sauvegarde de sa dignité [...]. Article 5. Toute personne a droit au respect de sa vie privée [...]. Article 11. Nul ne peut diffuser, publier ou exposer en public un avis, un symbole ou un signe comportant discrimination [...]. Article 44. Toute personne a droit à l'information [...]. Article 48. Toute personne âgée ou toute personne handicapée a droit d'être protégée contre toute forme d'exploitation [...]. » On pourrait citer maintes campagnes qui ignorent ou détournent l'esprit de la Charte. Bref, en respecter l'esprit se résumerait à ce que le publicitaire ne cherche jamais, pour atteindre ses fins, à utiliser une personne comme moyen, comme simple objet.

La publicité contribue à l'élaboration de la culture. Ce n'est pas sans responsabilité morale du vendeur, de l'acheteur et des producteurs de publicité.

Jean Moussé

Quand le publicitaire considère les destinataires de ses messages simplement comme des cibles à manipuler, il les transforme en roues de l'engrenage économique. L'humanité de l'autre risque alors d'être blessée par une communication qui s'avérerait lourdement persuasive. Or, un publicitaire qui ne se questionne pas sur son rôle éthique dans le cycle économique devient lui-même une simple courroie de transmission, un moyen, un outil.

D'un autre côté, les populations sont plus éduquées, plus sophistiquées, plus critiques et elles influencent la publicité. Elles commandent plus de respect de la part des publicitaires. Ceux-ci font alors davantage appel à la perspicacité des destinataires. Le sociologue Richard Sennett (2007), professeur au London School of Economics, prétend même que les nouvelles formes de consommation remettent en cause le besoin de posséder. La publicité mousserait alors l'utilisation... d'information plutôt que l'acquisition de biens ? Faut voir. C'est vrai jusqu'à un certain point : un effet important de la publicité est de transformer les objets utiles en objets symboliques, en objets pour nous représenter, voire pour imposer notre statut social. Quand, jadis, un homme offrait une bague à diamants à son amoureuse, il n'était plus un quidam, rappelle le romancier Philip Roth (2007 : 56) dans *Un homme* ; il était « un homme qui a une femme qui a un diamant ». Le nouvel *homo economicus* de Sennett est moins enraciné dans le terre-à-terre, mais il n'est pas devenu un ermite pour autant. Les signes sociaux prennent d'autant plus d'importance.

Par ailleurs, on peut bien jeter la pierre aux publicitaires-praticiens, mais c'est chacun qui doit également se poser cette question : Qu'est-ce que je fais, moi, de plus qu'eux pour aider à la construction d'un monde plus juste, plus pacifique, plus éthique ? Bien sûr, exiger ce questionnement de tous et chacun est une position d'idéaliste. Mais est-il si sûr que ce ne soit pas simplement une manière de voir tout humaine ? La bête n'a pas d'éthique ; elle n'a que des instincts. Elle utilise le monde vivant comme un prédateur. L'être humain, lui, doit se questionner sur la moralité de ses comportements. Difficile de distinguer ce qui est bien de ce qui est mal ? Margaret Somerville suggère : « Essayons d'en arriver à produire ce que j'appelle une éthique partagée. [...] À tout le moins, dit-elle, essayons d'obtenir l'accord du plus grand nombre possible de personnes, de faire l'effort d'en arriver là pour intéresser le plus grand nombre de gens à l'importance de l'éthique » (cité par Harvey, 2008).

Tracer la voie

En matière de droiture morale, d'éthique, il n'y a pas de voie tracée, pavée. Il n'existe pas de vérité objective, démontrable, définitive. Il existe cependant une vérité recherchée, documentée, discutée, réfléchie, assumée. Personne ne peut, avant de parler ou d'agir, s'asseoir en attendant la preuve scientifique que ce qu'il pense est éthiquement droit. Pour penser droit, agir éthiquement, il faut débusquer la lumière dans maintes directions, à de nombreuses sources, chez les Anciens comme chez les penseurs actuels, chez les philosophes professionnels comme chez les simples personnes de gros bon sens. Colliger, puis digérer, mettre en contexte, intégrer. Telle est la responsabilité éthique de chacun. C'est à ce travail que chaque publicitaire est convoqué.

Essayons d'en arriver à produire ce que j'appelle une éthique partagée.
Margaret Somerville

À moins de reprendre en main la responsabilité éthique de leurs actions, de réveiller leur cerveau anesthésié par l'apparence, la marchandisation et l'argent, les publicitaires continueront de prêter flanc à la critique.

PRATIQUE

La publicité est certainement la forme d'art la plus répandue, la plus connue et la plus prisée du grand public, et elle propose des modèles sociaux à coup de gigantesques budgets de diffusion. Mais, ce qui se passe en publicité est le résultat d'une situation sociale complexe dans lequel interviennent entrepreneurs, politiques, moralistes, juristes, publicitaires et simples citoyens. Cela résulte en un rapport de forces inégal mais néanmoins fluctuant, nos sociétés glissant d'une social-démocratie providentielle à un néo-capitalisme libertaire et, le cas échéant, vice-versa. Comment alors départager la responsabilité sociale en matière d'éthique publicitaire ? Spence (2005 : 113) affirme que cette « responsabilité éthique [...] repose sur chaque citoyen personnellement, sur chaque praticien et collectivement sur chaque organisation ». Bref, jusqu'à un certain point, elle ne dépendrait pas seulement des publicitaires, mais de la société dans son ensemble. Murphy (1998 : 319) également estime que l'éthique est l'affaire de plusieurs : « L'industrie de la publicité, les politiques et les chercheurs portent ensemble la responsabilité d'améliorer les normes éthiques en ce domaine. » Effectivement, l'ensemble des institutions et des personnes concernées par la publicité doivent assumer une part de responsabilité, directement ou indirectement.

Toutefois, les publicitaires en sont les premiers garants. Ce sont eux qui produisent les campagnes, les messages. C'est pourquoi je suggérerai ici que le questionnement éthique relève de la procédure publicitaire elle-même. Ne serait-ce que parce que les publicités sont souvent, par nature, construites sur l'étroite bande éthique qui sépare l'inacceptable du tolérable, un publicitaire doit se pencher sur cette frontière au cours de son travail même. Il doit la repérer clairement.

Pour arriver à ce que l'ensemble de l'activité publicitaire soit authentiquement éthique, plusieurs instances devront donc intervenir pour secouer l'apathie générale : 1. les organismes professionnels en intégrant la réflexion éthique à leur mission ; 2. les agences en faisant place à l'éthique dans leur procédure ; 3. les publicitaires en se questionnant sur l'éthique de leurs propres actions ; 4. les chercheurs en proposant des pistes qui permettraient aux praticiens d'avancer de manière sûre dans le monde touffu de la morale ; 5. les consommateurs en se manifestant plus souvent ; 6. les législateurs en promulguant les lois qui visent à assainir les affaires et à encadrer le monde de la publicité.

1. Les **organismes professionnels** doivent intégrer la réflexion éthique à leur mission. À tout le moins, en déclarant haut et fort qu'elle en fait partie, en énonçant les principes généraux qui affirment leur volonté de rendre les gens de la profession plus conscients de leur responsabilité en ce domaine.
2. Les **agences** doivent intégrer le questionnement éthique à leur procédure de manière à ce que les membres de leur personnel se sachent supportés en matière d'éthique. Un employé qui se sentira inquiet à cause d'un questionnement éthique doit savoir que la direction de son entreprise saura l'écouter, le comprendre et le supporter.
3. Les **publicitaires** pris individuellement doivent prendre conscience que l'exercice de leur métier est susceptible de les placer en situation délicate par rapport à leurs valeurs profondes. Et accepter, le cas échéant, de travailler à dénouer le nœud qui pourrait se présenter à eux.

4. Les **chercheurs** doivent proposer des pistes qui puissent permettre aux praticiens d'avancer de manière sûre dans le monde complexe de la morale pratique. Ils doivent accepter de se compromettre sur la place publique quand se présentent des cas concrets qui suscitent des débats.
5. Les **consommateurs**, aussi bien en associations ou comme individus, doivent faire l'effort de relever les cas qui les agacent sur le plan éthique, en particulier ceux qui leur causent problème. Ils doivent se manifester auprès des médias, des entreprises-annonceurs et des agences productrices.
6. Les **législateurs** doivent adopter des lois et des règlements qui cernent clairement les excès de la publicité qui sont les plus fréquents ou les plus dommageables pour les individus ou pour la société dans son ensemble. Ils doivent en particulier admettre qu'il existe des consommateurs plus vulnérables et les protéger.

Cela dit, il restera que dans la pratique quotidienne, il y a deux instances qui se retrouveront concernées au premier chef : l'agence à qui l'entreprise-annonceur confie ses budgets et l'individu-publicitaire qui travaille à la production des campagnes. Pourra-t-on espérer une éthique de la publicité tout en laissant aux publicitaires la possibilité d'exercer leur métier librement ? Oui, si chaque intervenant a bien circonscrit son propre champ de responsabilité en cette matière et applique une procédure pour y voir clair.

L'industrie de la publicité, les politiques et les chercheurs portent ensemble la responsabilité d'améliorer les normes éthiques.

Patrick Murphy

Je propose deux moyens pour progresser dans cette voie, un pour l'entreprise, un autre pour l'individu.

Pour l'agence : une déclaration

Pour l'agence, plutôt que de proposer une procédure, je suggère de travailler à développer une *mentalité* éthique qui serait affirmée dans une déclaration de principe diffusée partout dans l'entreprise. Cette déclaration énumérerait les principales valeurs auxquelles adhère la direction de l'agence.

Serait rattaché à cette déclaration, un post-scriptum spécifiant que tout employé confronté à une tâche qui le mettrait en conflit avec ses valeurs personnelles serait justifié d'exprimer sa divergence, dans lequel cas, la direction lui permettrait de s'exprimer sur ce nœud et chercherait à trouver un dénouement *fair-play.* C'est ce genre de cheminement qu'ont suivi les États pour solutionner l'impasse formulée par les objecteurs de conscience.

Pour l'individu : une procédure

À titre de professionnel, l'individu-publicitaire doit assumer globalement sa responsabilité personnelle ; il doit ensuite intégrer le questionnement éthique à sa pratique quotidienne. Pour cela, je me permettrai de suggérer une procédure en quelques étapes simples.

En premier lieu, il doit **DÉCIDER** que l'éthique fait partie de sa responsabilité professionnelle propre. Il doit corriger cette « myopie morale » des publicitaires dont parlaient Drumwright et Murphy (2004). Il doit comprendre que tout acte qu'accomplit un être humain pleinement libre comporte des implications morales. Concevoir de la publicité n'est aucunement un acte innocent, n'est pas — ne peut pas être ! — un geste strictement technique.

Deuxièmement, il doit **IDENTIFIER** les principales valeurs qui gouvernent sa vie. Il devra donc se renseigner, lire, discuter, réfléchir et, finalement, établir sa propre échelle de valeurs.

Troisièmement, au moment où il travaille sur un concept, une annonce, une campagne, il doit **ÉVALUER** les implications socio-éthiques de ses décisions. Il lui faudra donc consacrer un peu de temps à cette évaluation. Jean-Pierre Teyssier (2004 : 297) prévient : « Dans les métiers difficiles de la communication publicitaire où l'on travaille toujours dans l'urgence, le plus difficile est sans doute de trouver les quelques minutes qui peuvent être le fondement réel d'une éthique professionnelle. Il faut arracher à ces journées sous pression ces quelques moments privilégiés qui permettent de se poser ces questions. »

J'ajouterais enfin qu'il devra travailler à **SENSIBILISER** son entourage — collègues, employeurs et associations professionnelles — à la question éthique, aux situations particulières susceptibles de causer problème.

***

On a compris que l'éthique est un univers de complexité et il reste qu'il est souvent difficile, et occasionnellement quasi impossible, de distinguer clairement ce qui est bien de ce qui est mal. On est alors obligé de choisir le moindre mal ou de faire un geste qui produit un double effet (un bon et un mauvais). Y a-t-il moyen de s'en sortir ?

Trois principes

Le philosophe Ruwen Ogien (2004) propose de rechercher la voie juste, qu'il nomme « éthique minimaliste », à partir de trois principes : 1. Le principe de *considération égale :* accorder à l'opinion de chaque être humain la même valeur ; 2. Le principe de *neutralité :* observer une attitude neutre devant ce qu'une personne considère comme « le bien », quelle que soit cette position ; 3. Le principe d'*intervention limitée* : intervenir seulement et minimalement devant des comportements qui causent des torts à autrui.

Le plus difficile est sans doute de trouver les quelques minutes qui peuvent être le fondement réel d'une éthique professionnelle.
Jean-Pierre Teyssier

C'est là un programme louable pour aider à atteindre une éthique minimale, mais difficile à appliquer. Qui peut généreusement accorder la même valeur à l'opinion d'un autre, si elle lui semble contestable ? Qui peut rester neutre devant des opinions ou des jugements de valeur qui lui semblent odieux ? En face de comportements qui semblent carrément dommageables, qui peut avoir le détachement nécessaire pour n'intervenir que « minimalement » ? C'est alors que la nécessité d'un critère simple, concret et compréhensible par tous s'avère précieux.

LA RÈGLE D'OR

Il existe un tel critère ; il est issu des premiers questionnements éthiques de l'humanité. C'est ce que l'on a appelé la Règle d'or qui va comme suit : « Ne faites pas aux autres ce que vous ne voulez pas que l'on vous fasse à vous-même ! »

Évidemment, cela exige tout de même de chacun qu'il réfléchisse à ce qu'il n'aimerait pas que les autres lui fassent. Si personne n'aime être manipulé, pourquoi des publicitaires exerceraient-ils leur profession comme de simples manipulateurs ?

Se comporter éthiquement est difficile, mais pas impossible pour qui veut exercer son métier de manière humaine et non comme un robot à la solde du monde des affaires. Pour un publicitaire qui veut exercer son métier selon l'éthique, la pertinence persuasive de ses choix ne suffit donc pas ; il doit également considérer les implications sociales de ses choix. Il jouera pleinement son rôle de publicitaire quand il respectera pleinement aussi bien la personne à qui il s'adresse (le destinataire) que l'annonceur (l'émetteur) dont il est le relais.

Oui, la responsabilité éthique repose « collectivement sur chaque organisation » (Spence, 2005), mais au final, c'est le publicitaire, même lié par l'organisation dont il fait partie, qui aura la responsabilité de se poser la question de la pertinence éthique de son travail. Peut-on réalistement espérer que le publicitaire en viendra à intégrer ce questionnement à sa pratique quotidienne ? Quand il le fera, agissant en personne de raison, il sera devenu un professionnel.

> *Ce n'est pas l'amour qui fait fonctionner les sociétés : c'est l'argent*
>
> Comte-Sponville

L'essayiste Comte-Sponville (2000 : 44), désillusionné ou clairvoyant, écrit : « Ce n'est pas l'amour qui fait fonctionner les sociétés : c'est l'argent, bien sûr, l'intérêt, les rapports de force et de pouvoir, l'égoïsme, le narcissisme… » C'est pour cette raison que les humains de bonne volonté doivent tous, individuellement, prendre en main l'éthique… qui est un autre nom de l'amour.

POSTLUDE

Quand j'ai lancé mon entreprise, je ne voulais pas avouer que je faisais de la publicité. Je prenais toutes sortes de détours pour parler de la communication persuasive : j'ai d'abord prétendu faire du graphisme, expression venue d'Allemagne et pratiquement inconnue à l'époque ; au Québec, on faisait de l'art publicitaire. Puis, devenu directeur de la création de la plus grande agence de publicité de l'époque (MacLaren), je prétendais faire du marketing alors que la publicité n'est qu'une de ses composantes. Ça a pris dix ans avant que je me présente carrément comme publicitaire.

Pourquoi refusais-je d'accepter l'étiquette de publicitaire ? Parce qu'à mes yeux, les publicitaires n'étaient justement pas des professionnels. C'était le plus souvent, des vendeurs sans formation, des hâbleurs se justifiant avec des arguments sans queue ni tête, des bonimenteurs promettant mer et monde sans respecter leurs promesses, bref, des consultants qui n'avaient ni beaucoup de formation, ni beaucoup d'éthique.

Il y a bien longtemps que la publicité a envahi l'espace public. Déjà en 1883, le romancier Émile Zola (1996 : 298, 461) qui connaissait le domaine puisqu'il avait été chef de publicité chez Hachette, écrivait dans *Au bonheur des dames* : « La grande puissance était surtout la publicité. [...] C'était l'envahissement définitif des journaux, des murs, des oreilles du public, comme une monstrueuse trompette d'airain qui sans relâche, soufflait aux quatre coins de la terre. » Dans les villes importantes, la publicité était donc bien présente déjà. Mais ça aura pris 100 ans avant que l'éthique devienne une préoccupation pour une partie des gens du métier.

Aujourd'hui, la plupart des publicitaires sont des gens instruits et compétents. Le nombre et la variété des messages publicitaires ont décuplé, voire centuplé ; il est évident que l'on exigera davantage des professionnels. Davantage d'expertise et davantage d'éthique. Or, il existe peu d'ouvrages qui abordent cette question un tant soit peu de manière circonstanciée. Le plus complet en français est sans doute *Frapper sans heurter : Quelle éthique pour la publicité ?* du juriste français Jean-Pierre Teyssier (2004). J'estime qu'il est venu le temps que tous les publicitaires se posent la même question : Quelle éthique pour la publicité ? Comme le suggère Teyssier (2004 : 13), un professionnel s'interrogera au cours de sa pratique sur d'autres points que l'efficacité persuasive de ses messages : « Quels vont être les effets sur les autres *et aussi sur le sens de mon métier* [italiques de l'auteur], du message que je conçois, que je signe et que je vais diffuser ? »

C'est pourquoi j'ai décidé d'exposer mon propre questionnement aux publicitaires, jeunes et vieux, et d'indiquer quelques pistes. J'espère ainsi que le métier s'en trouvera enrichi, et que la société dans son ensemble accordera un jour ses lettres de noblesse à cette profession souvent décriée.

Les publicitaires doivent observer une éthique d'autant plus rigoureuse qu'ils jouent un rôle important dans la société. La publicité sera plus noble quand les publicitaires traceront leur propre route éthique dans le foisonnement de la communication contemporaine. Le publicitaire en sera alors d'autant plus fier.

Comte-Sponville (2000 : 174) cite l'opinion du philosophe Clément Rosset : « Si [alors] la vie reprend dans les mêmes conditions et dans les mêmes incertitude et ignorance, il y a quand même l'acquisition d'une certaine lucidité. C'est tout le débat :

une vie lucide est-elle plus jubilatoire qu'un vie moins lucide ? Je crois qu'elle l'est », écrit-il.

Moi aussi, je le crois.

Claude Cossette
1er septembre 2008
En la Fête du Travail
du 400e anniversaire de la ville de Québec.

« La vertu éthique
réside
dans l'action
tout à la fois
désintéressée
et orientée,
non vers l'intérêt
particulier
et égoïste,
mais vers
le bien commun. »

Luc Ferry

Apprendre à vivre :
traité de philosophie
à l'usage des jeunes générations

Bibliographie

Note : Les traductions des passages cités sont de l'auteur.

Act-Responsible. 2008. En ligne <http://www.act-responsible.org/public/index.php ?public=14>. Consulté le 19 septembre.

Advertising Standards Authority. 2008. En ligne. <http://www.asa.org.uk/asa/about/>. Consulté le 15 juin.

Aktouf, Omar. 2008. « Arrêtons de penser à l'américaine ». *Paris-Match*, 26 juin. p. 117.

Ariès, Paul. 2003. *Putain de ta marque!* Villeurbanne, Golias. 528 pages.

Aristote. 1990. *Éthique à Nicomaque* (traduction J. Tricot). Paris, Vrin. 540 pages.

Asch, Solomon E. 1951. « Effects of Group Pressure Upon the Modification and Distortion of Judgements » dans Harold S. Guetzkow (dir.). *Groups, leadership and men: Research in human relations.* Pittsburgh, Carnegie Press. 296 pages.

Association des agences de publicité du Québec (AAPQ). 2008. *Code de déontologie, pratiques et obligations des membres.* En ligne. <http://www.aapq.ca/media/pdf/code_deontologie_final.pdf>. Consulté le 5 juin.

Autorité de Régulation Professionnelle de la Publicité (ARPP). 2008. En ligne. <http://www.bvp.org/fre/informations-generalistes/portrait-du-bvp/missions/>. Consulté le 23 juillet.

Baillargeon, Jean. 2008. « La commission expliquée aux Français ». Montréal, *Le Devoir,* 24 mai.

Balloffet, Pierre *et al.* 2005. Communication marketing : une perspective intégrée. Montréal, Chenelière-McGraw-Hill. 652 pages.

Becker, Gary S. 1978. *The Economic Approach to Human Behavior.* Chicago, University of Chicago Press. 320 pages.

Beltramini, Richard E. 2003. « Advertising Ethics : The Ultimate Oxymoron ? » *Journal of Business Ethics.* Vol. 48, p. 215-216.

Benoît XVI. 2008. « Le Pape dénonce "l'hédonisme" de la société ». *Le Devoir,* 5 mai.

Blais, Martin. 1984. *Une morale de la responsabilité.* Montréal, Fides. 244 pages.

Boisot, Marcel. 1999. *La Morale cette imposture.* Paris, Pré aux clercs. 280 pages.

Borde, Valérie. 2008. « La grande illusion du recyclage ». *L'Actualité,* 15 septembre.

Bréhier, Émile. 1928. *Histoire de la philosophie.* Paris, Alcan. 788 pages.

Breton, Philippe. 1997. *La Parole manipulée.* Montréal, Boréal. 228 pages.

Brochand, Bernard et Jacques Lendrevie. 2004. *Le Publicitor : de la publicité à la communication intégrée.* Paris, Dalloz. 652 pages.

Bureau de la consommation du Canada. 2007. En ligne. <http://www.ic.gc.ca/epic/site/oca-bc.nsf/fr/ca00963f.html>. Consulté le 3 août.

Charte des droits et libertés de la personne du Québec (L.R.Q. C-12). 1982. En ligne. <http://64.233.169.104/search ?q=cache : MocqrjZ6dBsJ : www.cdpdj.qc.ca/fr/commun/docs/charte.pdf+droits+de+la+personne+charte+quebec&hl=fr&ct=clnk&cd=1&gl=ca&lr=lang_en|lang_fr>. Consulté le 3 mai 2007.

Charte canadienne des droits et libertés. 1982. En ligne. <http://lois.justice.gc.ca/fr/Charte/const_fr.html#libertes>. Consulté le 2 juin 2007.

Cialdini, Robert B. 1998. *Influence : Science and Practice.* New York, Addison-Wesley. 264 pages.

Code canadien des normes de publicité. 2008. En ligne. <http://www.normespub.com/fr/Standards/adStandards.pdf>. Consulté le 20 juillet.

Code d'agrément de la publicité. 2008. En ligne. <http://www.pharmahorizons.com/French/code_fr.pdf>. Consulté le 26 juillet.

Code des professions. 2008. En ligne. <http://www2.publicationsduquebec.gouv.qc.ca/dynamicSearch/telecharge.php ?type=2&file=/C_26/C26.htm&PHPSESSID=36617b2f4fa6d2928dd8ec6f1def1284>. Consulté le 1er août.

Code international de pratiques loyales en matière de publicité. 2008. En ligne. <http://www.bvp.org/fre/Docs/informations-generalistes/international/cci/10165/cci-code.pdf>. Consulté le 26 juillet.

Coleman, C., H. Hartley et J. Kennamer. 2006. « Examining claimsmakers' frames in news coverage of direct-to-consumer advertising ». *Journalism and Mass Communication Quarterly*. Vol. 83 (3), p. 547-562.

Commission d'enquête sur le programme de commandites et les activités publicitaires. 2004. Dans L'Encyclopédie canadienne. En ligne. <http:/ww.thecanadianencyclopedia.com/index.cfm ?PgNm=TCE&Params=F1ARTF0009864>. Consulté le 7 mai 2007.

Comte-Sponville, André. 2000. *L'Amour, la solitude*. Paris, Albin-Michel. 192 pages.

Comte-Sponville, André. 2004. *Le Capitalisme est-il moral ?* Paris, Albin-Michel. 252 pages.

Cooper, Thomas et Tom Kelleher. 2001. « Better Mousetrap ? Of Emerson, Ethics, and Postmillennium Persuasion ». *Journal of Mass Media Ethics*, Vol. 16 (2 et 3), septembre, p. 176-192.

Coutinho de Arruda, M.C. et M. Leme de Arruda. 1999. « Ethical Standards in Advertising : A Worldwide Perspective ». *Journal of Business Ethics*. Vol. 19 (2), p. 159-169.

d'Aquin, Thomas. 1265/1984. *La Somme théologique*. Paris, Cerf. 3400 pages. En ligne. <http://docteurangelique.free.fr/livres-formatweb/sommes/0sommetheologiquecomplete.htm>. Consulté le 22 août 2008.

Déclaration de Mexico sur les politiques culturelles. 1982. Unesco, Conférence mondiale sur les politiques culturelles. En ligne. <http://portal.unesco.org/culture/fr/files/12762/11295422481mexico_fr.pdf/mexico_fr.pdf>. Consulté le 29 mai 2007.

Dion, Michel. 1992. *L'Éthique ou le profit*. Montréal, Fides. 244 pages.

Dion, Michel et Robert Lescarbeau. 1995. « Les codes d'éthique des entreprises manufacturières au Québec : état des perceptions des dirigeants ». *Ethica*, Vol. 7 (1), printemps, p. 113-144.

Drumwright, Minette E. et Patrick E. Murphy. 2004. « How Advertising Practitioners View Ethics : Moral Muteness, Moral Myopia, and Moral Imagination ». *Journal of Advertising*. Vol. 33 (2), p. 7-24.

Duhamel, André et Noureddine Mouelhi. 2001. *Éthique : histoire, politique, application*. Montréal, Gaétan Morin. 308 pages.

Encyclopédie Larousse. 2008. « Profession ». En ligne. <http://www.larousse.com/encyclopedie/#larousse/63436/11/profession>. Consulté le 10 août.

European Association of Communication Agencies. 2008. En ligne. <http://www.eaca.be/content.asp?content=about>. Consulté le 11 juillet.

Facal, Joseph et André Pratte. 2008. *Qui a raison ?* Montréal, Boréal. 224 pages.

Ferland, Marc et Michel Pageau. 2008. *Portrait de santé de la Capitale-Nationale 2008*. Agence de la Santé et des Services sociaux de la Capitale-Nationale. 156 pages.

Ferry, Luc. 2006. *Apprendre à vivre : Traité de philosophie à l'usage des jeunes générations*. Paris, J'ai lu. 312 pages.

Fillion, Jacques. 1983. *Un an de sursis pour Timi*. Montréal, Léméac. 252 pages.

Finckenstein, Konrad von. 1998. Dans « La Baie paiera une amende de 600 000 $ pour publicité trompeuse ». *La Presse*, 5 mai.

Foley, John P. 1997. *Éthique en publicité*. Conseil pontifical pour les communications sociales. En ligne. <http://www.vatican.va/roman_curia/pontifical_councils/pccs/documents/rc_pc_pccs_doc_22021997_ethics-in-ad_fr.html>. Consulté le 1 août 2005.

Forbes 500. 1998. En ligne. <http://www.forbes.com/lists/home.jhtml ?passListId=38&passYear=1998&passListType=Com pan>. Consulté le 8 septembre 2008.

Ford, Henry. 1921. *My Life and Work*. Londres, William Heinemann. Réédition NuVision Publications, 2007. 192 pages. En ligne. <http://www.nuvisionpublications.com/Print_Books.asp ?ISBN=1595478752 >. Consulté le 9 juin 2008.

Forsyth, Donelson R. 1992. « Judging the morality of business practices : The influence of personal moral philosophies ». *Journal of Business Ethics*, Vol. 11 (5-6) p. 461-470.

Gallup's Honesty and Ethics Poll. 2008. En ligne. <http://www.gallup.com/poll/1654/Honesty-Ethics-Professions.aspx>. Consulté le 1 août.

Gauthier, Gilles. 1992. « Les enjeux éthiques de la communication publique ». Dans *Cahiers de recherche éthique*, #17. Montréal, Fides.

Genard, Jean-Louis. 1997. « Le retour de l'éthique ». Dans Guy Giroux. *La Pratique sociale de l'éthique*. Montréal, Bellarmin. 286 pages.

Gerlsbeck, Rob. 2008. « Near death experience ». *Marketing*, 11 août 2008. p. 24-25.

Gibson, Arthur, G. 1972. *Truth in Advertising, A Symposium of the University of Toronto School of Technology*. Toronto, Fitzhenry and Whiteside. 40 pages.

Girard, Laurence. 2008. « Publicitaires et autodiscipline ». *Le Monde*, 8 avril 2008. En ligne. <http://www.lemonde.fr/opinions/article/2008/04/02/publicitaires-et-autodiscipline-par-laurence-girard_1030037_3232.html>. Consulté le 13 avril.

Guillebaud, Jean-Claude. 1995. *La Trahison des lumières*. Paris, Seuil. 256 pages.

Habermas, Jürgen. 1986. *Morale et communication*. Paris, Flammarion. 216 pages.

Harvey, Réginald. 2008. « Bioéthique - La grande dame de l'éthique propose "un voyage aux limites des valeurs qui nous divisent" ». *Le Devoir*, 31 mai et 1er juin.

Hite, Morris L. 1988. Dans Russ Pate. *Adman : Morris Hite's Methods for Winning the Ad Game*, Dallas, E. Heart Press. 208 pages.

Huteau, Hélène. 2007. « Les annonceurs se mobilisent face aux pressions grandissantes. » *Novethic*, 5 décembre. En ligne. <http://www.novethic.fr/novethic/v3/article.jsp?id=113049>. Consulté le 20 février 2008.

Kant, Emmanuel. 1864. *Critique de la raison pure*. Paris, Lagrange. 544 pages.

Ki-moon, Ban. 2007. Conseil économique et social. *Report of the Secretary-General: Strengthening efforts to eradicate poverty and hunger, including through the global partnership for development*. 46 pages. En ligne. <http://www.un.org/docs/ecosoc/meetings/2007/docs/EcosocAMR_Report.FINAL.pdf>. Consulté le 19 septembre 2008. 46 pages.

Küng, Hans. 1991. *Projet d'éthique planétaire : la paix mondiale par la paix entre les religions*. Paris, Seuil. 254 pages.

Küng, Hans. 2008. *Petit traité du commencement de toutes choses*. Paris, Seuil. 276 pages.

Laibson, David I., Richard J. Hernstein et Howard Rachlin. 2000. *The Matching Law: Papers in Psychology and Economics*. Cambridge, Harvard University Press. 352 pages.

Larouche, Jean-Marc et Georges A. Legault. 2003. « L'identité professionnelle : construction identitaire et crise d'identité ». Dans *Crise d'identité professionnelle et professionnalisme*. Québec, Presses de l'Université du Québec. 228 pages.

Legault, Georges A. *et al.* 2003. « Le professionnalisme : vers un renouvellement de l'identité professionnelle ». Dans *Crise d'identité professionnelle et professionnalisme.* Québec, Presses de l'Université du Québec. 228 pages.

Leibniz, Gottfried Wilhelm von. 1714. *La Monadologie.* Paris, Delalain. 40 pages.

LeLay, Patrick. 2004. Dans Collectif. *Les Dirigeants français et le changement : baromètre.* Paris, Huitième Jour. 120 pages. Compte-rendu en ligne. <http://www.acrimed.org/article1688.html>. Consulté le 15 juin 2008.

Loi du droit d'auteur C-42. 1985. En ligne. <http://lois.justice.gc.ca/fr/showdoc/cs/C-42/bo-ga : l_I : : bo-ga : l_II//fr ?page=2>. Consulté le 27 avril 2007.

Loi sur la Concurrence C-34. 1985. En ligne. <http://lois.justice.gc.ca/fr/C-34/index.html>. Consulté le 15 mai 2007.

Longhurst, Mike. 2008. « Groupe de travail inter-entreprises « Publicité & Communication Responsables »« En ligne <http://www.communicationresponsable.com/docs/Comresp_Contexte.pdf>. Consulté le 15 septembre.

Machiavel, Nicolas. 1532. *Le Prince* dans traduction de Léopold Derôme. Paris, Garnier. 1884. 232 pages.

Maillard (de), Jean. 2008. Dans « La criminalité financière dessine le monde de demain ». *Revue XXI.* Vol. 2, printemps, p. 156-166.

Maisonneuve, Danielle, Solange Tremblay et André A. Lafrance. 2004. *Résultat de la recherche sur l'état des relations publiques au Québec : Faits saillants.* Montréal, Chaire en relations publiques de l'Université du Québec à Montréal. En ligne. <http://www.srq.qc.ca/pdf/rechercheRP.pdf>. Consulté le 17 août 2008. 14 pages.

Malaval, Philippe et Jean-Marc Décaudin. 2005. *Le Pentacom : communication, théorie et pratique.* Paris, Pearson. 728 pages.

McAlear, Robert. 2007. En ligne. <http://www.mcalearmarketing.com/index.php ?option=com_content&task=view&id=27&Itemid=57>. Consulté le 6 juillet 2007.

Merton, Thomas. 1948. *The Seven Storey Mountain*. New York, Harcourt. 520 pages.

Milgram, Stanley. 1963. « Behavioral Study of Obedience ». *Journal of Abnormal and Social Psychology*. Vol. 67, p. 371–378.

Montaigne (de), Michel. 1585. *Essais*. Dans Joukovsky, Françoise. *Montaigne : sans commencement et sans fin*. Paris, Flammarion. 1998. 256 pages.

Morris, Errol. 2004. *The Fog of War : Eleven Lessons from the Life of Robert S. McNamara*. Film documentaire.

Moussé Jean. 1989. *Pratiques d'une éthique professionnelle*. Paris, Éditions d'Organisation. 176 pages.

Murphy, Patrick E. 1997. *Eighty Exemplary Ethics Statements*. Notre-Dame, University of Notre Dame Press. 244 pages.

Murphy, Patrick. E. 1998. « Ethics in advertising : Review, Analysis and Suggestions ». *Journal of Public Policy & Marketing*. Vol. 17 (2), p. 316-319.

Nafisi, Azar. 2004. *Lire Lolita à Téhéran*. Paris, Plon. 476 pages.

National Advertising Division du Council of Better Business Bureau. 2008. En ligne. <http://www.nadreview.org/AboutNAD.asp?SessionID=1440877>. Consulté le 14 juin.

Niquette, Manon. 2007. « La publicité pharmaceutique dans la mire des études en communication ». Dans Joseph J. Lévy et Catherine Garnier (dir.). *La Chaîne des médicaments : perspectives pluridisciplinaires*. Montréal, Presses de l'Université du Québec. 524 pages.

Ogien, Ruwen. 2002. « Éthique ». Dans *Encyclopaedia Universalis*. Paris, Encyclopaedia Universalis.

Ogien, Ruwen. 2004. *La Panique morale*. Paris, Grasset. 354 pages.

Paccalet, Yves. 2006. *L'Humanité disparaîtra, bon débarras !* Paris, Arthaud. 198 pages.

Piattelli Palmarini, Massimo. 1999. *L'Art de persuader*. Paris, Odile Jacob. 306 pages.

Potter, David M. 1954. *People of Plenty: economic abundance and the American character.* Chicago, The University of Chicago Press. 219 pages.

Ramsey, Iain. 1996. *Advertising Self-Regulation.* Conférence *Exploring Voluntary Codes and Their Role in the Marketplace,* Ottawa.

Roth, Philip. 2007. *Un homme.* Paris, Gallimard. 154 pages.

Russ, Jacqueline. 1994. *La Pensée éthique contemporaine.* Paris, PUF. 128 pages.

Russell, Bertrand. 1962. *Ma conception du monde.* Paris, Gallimard. 192 pages.

Savatier, René. 2008. « Déontologie ». *Encyclopaedia Universalis.* En ligne. <http://www.universalis-edu.com/article2.php?napp=&nref=E953251>. Consulté le 9 avril.

Scandale des commandites. 2004. En ligne. <http://fr.wikipedia.org/wiki/Scandale_des_commandites>. Consulté le 4 juillet 2007.

Schlenker, Barry R. et Donelson R. Forsyth. 1977. « On the Ethics of Psychological Research ». *Journal of Experimental Social Psychology.* Vol. 13 (4), p. 369-396.

Sennett, Richard. 2007. La Culture du nouveau capitalisme. Paris, Albin Michel. 157 pages.

Shields, Alexandre. 2008. « Des valeurs revues et corrigées. » *Le Devoir,* 16 septembre.

Smith, G.H. et R. Engel. 1968. « Influence of a Female Model on Perceived Characteristics of an Automobile ». *Proceedings from the 76th American Psychological Association Annual Convention,* p. 681-682.

Sorman, Guy. 2008. *L'Économie ne ment pas.* Paris, Fayard. 340 pages.

Spence, E. et B. Van Heekeren. 2005. *Advertising Ethics.* New York, Pearson Prentice Hall. 140 pages.

Stein, Joel. 2008. « Groceries for the Gourmet Palate ». *Time Magazine.* En ligne. <http://www.time.com/time/magazine/article/0,9171,1727696,00.html >. Consulté le 8 avril 2008.

Teyssier, Jean-Pierre. 2004. *Frapper sans heurter: quelle éthique pour la publicité?* Paris, Armand Colin. 332 pages.

Treise, Debbie *et al.* 1994. « Ethics in advertising: Ideological correlates of consumer perceptions ». *Journal of Advertising.* Vol. 23 (3), p. 59-69.

Van de Walle, Michel. 2008. « On surveille les prix pour vous ». En ligne. <http://argent.canoe.com/lca/chroniqueurs/michel-vandewalle/archives/2008/06/20080612-233031.html>. Consulté le 7 août.

Voltaire. 1859. « Dictionnaire philosophique. » Dans *Œuvres complètes,* Tome 16. Paris, Hachette. 616 pages.

Weber, Max. 1919. *Le Savant et le politique.* Paris, Union Générale d'Éditions, 1963. 186 pages.

Yunus, Muhammad. 1997. *Vers un monde sans pauvreté.* Paris, Lattès. 412 pages.

Yunus, Muhammad. 2008. *Vers un nouveau capitalisme.* Paris, Lattès. 384 pages.

Zola, Émile. 1883. *Au Bonheur des dames.* Paris, Flammarion, 1999. 568 pages.

FSC
Recyclé
Contribue à l'utilisation responsable des ressources forestières
www.fsc.org Cert no. SGS-COC-003153
© 1996 Forest Stewardship Council
100%

MARQUIS
Marquis imprimeur inc.

Québec, Canada
2008

Imprimé sur du papier Silva Enviro 100% postconsommation traité sans chlore, accrédité Éco-Logo et fait à partir de biogaz.

certifié
procédé sans chlore
100 % post-consommation
PERMANENT
archives permanentes
BIO GAZ ÉNERGIE
énergie biogaz

trois
individu
estime
l'entreprise
doute
parce
agences
dommageables
publicité
alors
humains
cours
d'en
sans
Article
considérer
simplement
chaque
plutôt
existe
propose
autres
toujours
fait
réflexion
assumer
d'éthique
Murphy
Difficile
actions
groupe
plus
publicitaire
chacun
PRATIQUE
respecter
profession
autre
effets
si
codes
qu'elle
l'hédonisme
monde
pourquoi
voie
déclaration
poser
forces
font
individus
qu'une
personnes
comportement
affaires
simple
elles
chez
éthiques
entreprise
personne
sûr
morale
gens
éthiquement
part
ceux
plaisir
direction
souvent
propre
comprendre
question
partie
choix
adopter
aussi
trop
avoir
société
seulement
faut
moins
quand
dignité
l'agence
produit
va
cas
implications
vérité
faire
donc
humaine
forme
plan
exigences
être
procédure
clairement
ensemble
questionnement
principe
consommateurs
dit
communication
grand
responsabilit
matière
là
humain
messages
lois
objets
dispose
l'éthique
également
politiques
organisation
peut
non
bref
d'une
d'un
sens
éthique
d'être
intégrer
davantage
travailler
rapport
droit
sociale
devant
tous
comportements
métier
position
Bien
tout
chercheurs
culture
ils
économique
arriver
simples
quelques
l'autre
toute